まずは
フツーを
きわめなさい

伊達直太＋人生戦略会議

WAVE出版

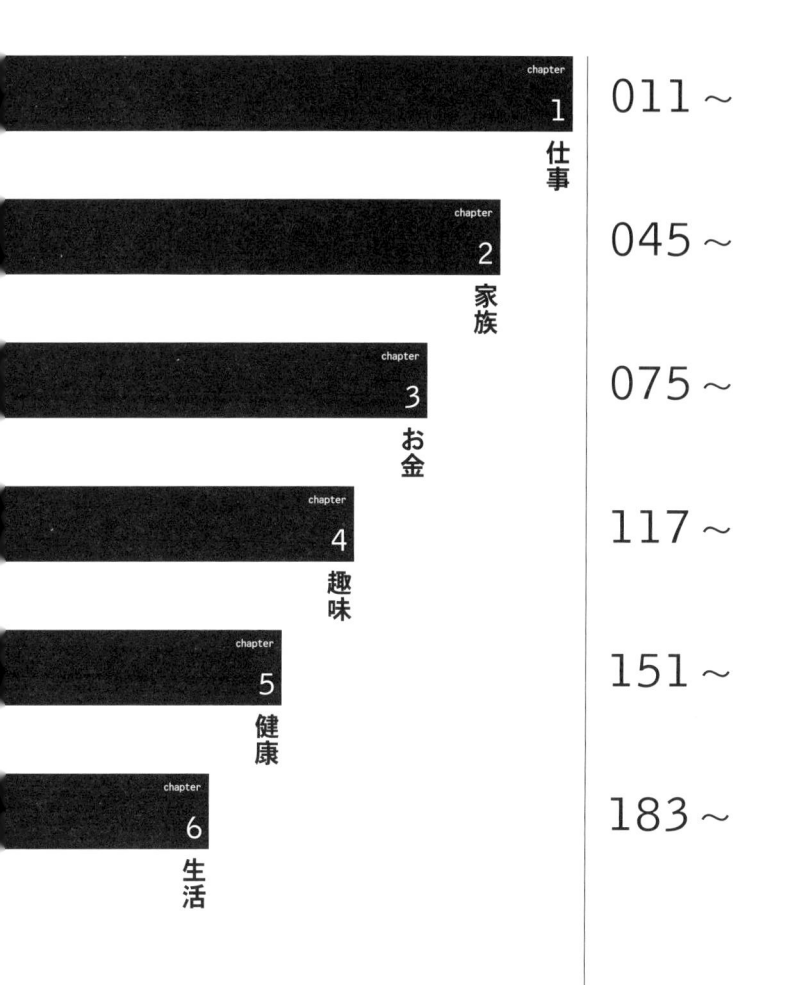

はじめに

１００年に1度の大不況だそうです。一方では、常識では考えられない残酷な事件が起き、年金がもらえるかどうかわからず、地球環境がおかしくなっているといわれます。急激な高齢化も進んでいますし、食べ物ひとつ、安心して口にできません。

つまり、不安で、不安定で、不信感につつまれた世界。なにもかもが疑わしく、誰も信じられない時代。われわれはいつの間にか、異常な環境に生きるようになったわけです。

そういう異常な環境のなかでほど、死守しなければならないものがあります。

フツーという感覚です。

気づかなければなりません。

異常な世界で生きていると、やがて、それがあたり前のような感覚になります。毒がしみ込んだように、ウイルスに感染したように、あなた自身が異常になっていきます。フツーという感覚こそが、自分を守るための抗体なのです。

さて、あなたは自分がフツーだといいきれるでしょうか。

データによれば、世間の人は、30歳で結婚し、31歳で第一子を授かり、年収５００万円を保ちながら、40歳で家を買うといった人生を歩んでいるそうです。そういうフツーの人生を、さげすむのはかんたんです。しかし、いざ実行するとなるとできるでしょうか。

おそらく、できないでしょう。

フツーという感覚に欠けるから、フツーのことが実行できないのです。

フツーとはなにかといえば、道端に咲いている名もなき美しい花です。

たとえば、バラやユリなどは花の世界のエリートですから、値もはりますし美しくてあたり前です。しかし、道端に咲いているのはバラやユリばかりではありません。実際に世間に感動を与えるのは、数多くの名もない花（ホントは名前があるんでしょうけど）です。

ふとした瞬間に、

「あいつ、なかなか頼れるな」

「あいつに任せておけばまちがいないだろう」

と感じさせる人がいます。

彼らがつまり、名もなき花。基礎ができていて、「正常」「常識」といった感覚があり、フツーをきわめているから、魅力的に映るのです。

本書では、フツーのレベルを知るための平均値などを、欄外を中心に、随所に盛りこんでいます。これらをクリアできれば、さしあたってフツーといえるかもしれません。しかし、小手先でできることを目標にしても、本質は変わりません。重要なのは、データをヒントに、フツーの素晴らしさに気がつくこと。そして、フツーをきわめていくことです。

異常な世界を変えるのは大変です。しかし、自分を守るために、自分を変えていくことはできます。だから、まずはフツーをきわめましょう。異常な世界で生きていくためには、それが唯一の方法です。

まずは フツーを きわめなさい

contents

装丁
水戸部功

本文デザイン
阿知波英喜
（アチワデザイン室）

図版制作
山崎潤子

本文 DTP
ワイズ

校正
小倉優子

chapter 1

仕事

CAREER

異常な時代だからこそフツーが求められる

非凡よりもフツー

「きみは、思っていたよりもフツーだな」

そういわれて、素直によろこぶ人はあまりいません。おそらく、「フツー」という言葉のなかに、「平凡」「ありきたり」「大量生産的」というニュアンスを感じるからです。

多くの人が、

「オレは非凡だ」

と少なからず思っています。

「非凡でありたい」

と思う人も増えています。しかし、それは一元論的な見方にすぎません。

まずは少し、発想を変えてみることにしましょう。

世の中の動きをみると、たしかに「非凡」がもてはやされた時期がありました。

最近では、たとえばＩＴバブルのころ（１９９０年後半～２０００年）。情報・通信産業が急激に発展したことに投資家が注目し、「ｅ」「ｉ」「ドットコム」などを社名に入れた多くのベンチャーが誕生しました。なぜ注目されたのかというと、「非凡」な着眼点でビジネスモデルを掲げていたからです。

大卒者の就職のフツー（大学卒業者数と就職率の推移）

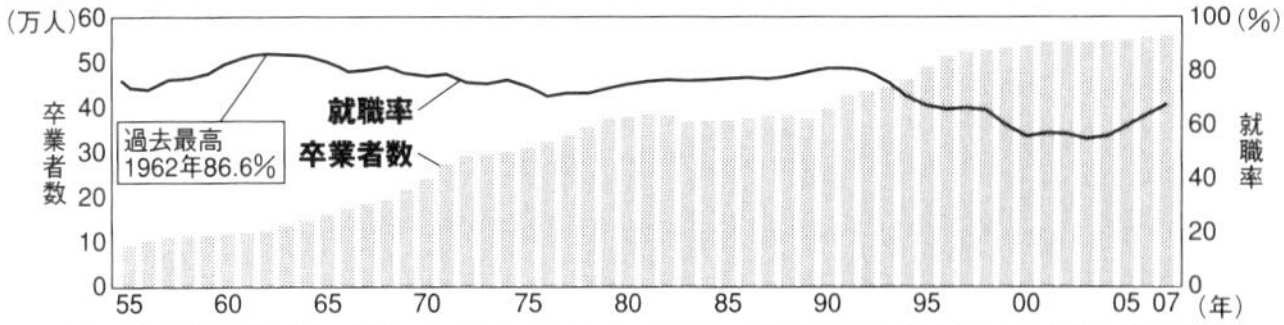

※1987年以前の数値には「一時的な仕事に就いた者」を含み、03年以前の数値には「専修学校、外国への学校等入学者」を含む。
文部科学省「学校基本調査」2007

しかし、その後、一部の成長した企業を除いて、多くのベンチャー企業がＩＴバブルの崩壊とともに失墜していったのはご存知のとおり。

発想が非凡なだけでは商売はできない――

われわれは、そんな教訓を学びました。

時期を同じくして、じつはひとつ下の世代でも「非凡」が注目されました。大学受験におけるＡＯ入試です。

30歳から上の世代では知らない人もいるかもしれません。ＡＯ入試とは、一芸入試や自己推薦入試と呼ぶ大学もありますが、ようするに学力とは別の「なにか」を対象にして、筆記試験を行なわず（一部実施している大学もあります）、書類審査や面接により、お見合いのような形で審査する入学試験です。

「なにか」とはなにか。

たとえば、着眼点やアイデア、個性、特技などです。

はたして、18歳の着眼点やアイデアに、どれだけの価値があるのか。

個性や特技というのは建て前で、少子化による大学あまりで、「全員大学入学可能時代」を踏まえた、学生の青田買いではないのか。

そういう指摘や批判を打ち消してしまうくらいの勢いで、97年に27％だったＡＯ入試実施大学は、07年までに43％に増え続けてきました。なぜかといえば、「非凡」な人材を求

●ＡＯ入試のフツー

ＡＯ入試（アドミッションズ・オフィス入試）とは、学力だけでなく大学が求める学生像に近い者を入学させようとする入試制度で、90年度の慶応大学からはじまった。ＡＯ入試では文化、スポーツ、ボランティア活動や、特技や資格、学習意欲を持っているかなど、提出書類や面接などによって評価される。

め、いまなお求め続けているからです。

これがどういう結果をまねくのか、想像するまでもありません。

現在、ＡＯ入試で入学した学生に対し、６割の大学が高校の補習授業を行なっています。07年度までにＡＯ入試を実施した大学のうち、ＡＯ入試による入学者の学力が十分でないと考えている割合も、６割に達しているそうです。

非凡な人が賢いとはかぎらない――

われわれは、そんな真実を見ました。

なにがいいたいのかというと、非凡であることよりもはるかに大事なことがあるということです。それが、「フツー」であるということ。

ほんの一瞬の発想より、長期的なビジネスセンスが重要であるように、一カ所しかみえない着眼点より、全体を見わたす広い視野が重要であるように、実際に世の中で活躍するのは、秀でた「なにか」をよりどころにする人ではなく、欠点なくなにごともまんべんなくできる人だということです。

「きみは、思っていたよりもフツーだな」

といわれた際に、

「はい。なんでもフツーにこなせます」

と答えられるかどうか。世間はそこを問うのです。

働きかた

一芸だけならアルバイト・派遣社員で十分

会社においても、「非凡」であることを目指して、

「専門知識を深めなければならない」

「クビにならないためには一芸に秀でるべし」

といった考えを持つ人が少なくありません。

しかし、ここで留意しておきたいのが、非凡であろうとすることが、専門バカになる可能性を秘めているということです。

英語がしゃべれる。でも、人づきあいが苦手というのでは仕事にならない。

パソコンが使いこなせる。でも、礼儀知らずというのでは困る。

つまり専門バカ。バカでは仕事になりません。

こういう「非凡主義」の考えかたが進行すると、やがて、

「自分の仕事だけやればいい」

という思考につながります。

「オレには英語力がある。特技がある。だから他部署のことは知らなくてもいい」

という考えかた。一芸勝負で、職能にかたよりがあっても気にしない人です。

●失業時代のフツー

２００８年12月の完全失業率（季節調整値）は４・４％。完全失業者数は２７０万人で、１年前に比べ39万人増加。就業者数は６３３１万人で、１年前に比べ65万人減少した（総務省）。失業は、フリーターや派遣社員だけにかぎった心配事ではない。「一芸」「非凡」にばかり注目していると、肩たたきにあうリスクも大きくなるのではないだろうか。

企業が重視する能力のフツー

1位	コミュニケーション能力	85.7%
2位	基礎学力	70.8%
3位	責任感	64.3%
4位	積極性・外向性	59.5%
5位	資格取得	56.3%

厚生労働省「若年者の就職能力に関する実態調査」04年

すると、正社員として雇う必要性が薄くなります。一芸、会社ではスキルといわれるもののたいはんは、アルバイトや派遣社員、あるいはアウトソーシングでことたりることですから、正社員が一緒になって勝負してもしょうがありません。専門性だけを売りにせず、幅広く、臨機応変に対応できる力がある人を、会社は必要とするからです。

とくに最近は、アルバイトや派遣社員の人たちが危機感を持ち、正社員の座をねらうようになりました。そのうちの何割かは、

「正社員になるためには、一芸だけではダメだ。普遍性が必要だ」

ということに気がついているでしょう。一芸を持って、そこにあぐらをかいている正社員が、その座をうばわれる可能性があるということです。

さらにこわいのは、一芸勝負で、自分の非凡さに自信を持っている人ほど、それが職能のかたよりを示しているにもかかわらず、

「起業しよう。オレには独立するだけの力がある」

という考えに行きつきやすいということです。とくに06年に新会社法が施行され、会社設立における最低資本金の制限が実質的になくなって以来、

「終身雇用の時代は終わった。これからは自分の力で生き抜く時代だ」

と意気込む人も増えました。

みなさんは、この発想が現実と逆転していることに気づくでしょうか。

企業が重視しない能力

右ページ表の「企業が差重視する能力のフツー」において順位が低かったのはいったい何か。

1位	ボランティア等社会活動	3.8%
2位	アルバイト経験	9.3%
3位	情報収集能力	10.0%
4位	クラブ・サークル活動	14.8%

厚生労働省「若年者の就職能力に関する実態調査」04年

●外国人労働者のフツー

日本国内で就労する外国人労働者は、06年末で75・5万人。96年末からほぼ倍増している。内訳は、専門・技術分野の外国人が18万人、日系人などの在留者が37万人、技能実習生などが9・5万人。しかし、08年末からの不況で職を失う人が続出。仕事を求める人にとっては、外国人も手強いライバルとなった。

終身雇用の期待度が下がっている時代でも、終身雇用される人はいます。それが誰かといえば、非凡さに頼らず、フツーになんでもできる人です。こういう人は、おそらく起業してもうまくいくでしょう。起業家向きといえるかもしれない。だからこそ、会社としては手放したくない。だから終身雇用する。逆に、非凡さしか持たない人は、会社としてもいらない。勝手に辞めてくれるのであれば御の字です。それが現実です。

一方、非凡であろうとする人は、非凡であろうと努力するほど会社にとっていらない人になっていきます。当然、努力が評価されませんから、不満も大きくなっていく。そこで、新会社法によって大きくなった「起業」という門を見つけ、入ってしまう。

しかし、入り口が大きくなったことは事実ですが、成功するという出口が大きくなっているわけではありません。だから、正社員という席を手放したあとで、にっちもさっちもいかなくなるわけです。

起業家たるもの、ビジネスを仕掛けていくのが本来の姿ですが、結果をみれば、「非凡主義」「一芸勝負」という世間の風潮に、仕掛けられているわけです。

実際のところ、非凡さを掲げて起業を決意しても、勝算は大きくないでしょう。一芸に秀でることと、起業して、経営を継続させていくこととは、本質がちがうからです。フツーのことができなければ、結末は常に、ＩＴバブルとともに消えたベンチャーと同じなのです。

労働時間

「きわめる」ではなく「きわめる！」

さて、ここからが本題。

「なんでもフツーにできます」

と胸をはるためには、欠点がなく、なにごともまんべんなくできなければなりません。

そういう有用な社会人を目指すにあたり、フツーとはなんなのか。そのフツーはどうやって構築し、どうやってきわめていくものなのか。そんなことを考えてみることにします。

まずは一般的なサラリーマンの日常をみて、彼らのフツーを知ることにしましょう。

たとえば、労働時間。

現在の日本は、サラリーマンの労働時間として、年１８００時間を目安としています。１８００時間とは、だいたい1日8時間、週40時間、月１５０時間です。これは、１９８７年に発表された「新前川レポート」にあった、労働時間短縮の目標値です。

しかし、これがフツーの労働時間かというと、実際はもうすこし上にあります。

サラリーマンの実際の平均労働時間は、５人以上の事業所に勤めている人で、月１６９時間、30人以上の事業所で月１６８時間です（厚生労働省「毎月勤労統計調査」07年10～12月）。感覚としては、８時間労働をベースに、１日１時間くらいの残業があるという日々でしょうか。これが、

労働時間のフツー（平均年間総実労働時間の推移）

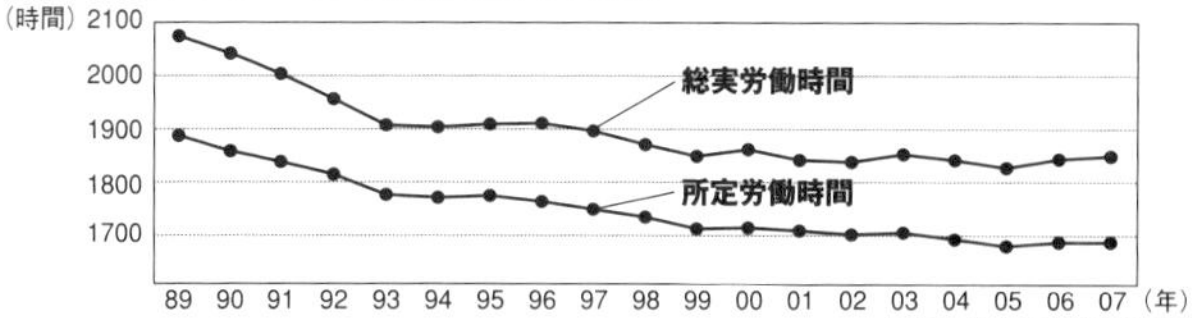

※30人以上の事業所の場合
厚生労働省「毎月勤労統計調査」

世間のサラリーマンのフツー。

これ以下である人が、「働きすぎ」というのは、フツーの感覚がゆがんでいます。また、

「日々12時間勤務があたり前」

という人も、仕事の量が多いか、仕事が遅いか、後輩などに仕事をふりわけられず、自分で抱えこむ性格なのか、いずれにしても、フツーとはいえません。

海外と比較してみると、日本人は「働きすぎ」だといえるかもしれません。

労働時間の短縮というのは、どの先進国においても、豊かになるにつれてとり組む課題です。アメリカは１９３０年代、フランス、西ドイツ、イギリスなどは１９６０年代に、年１８００時間を目安として、労働時間の短縮にとり組みました。

その結果、１９８７年くらいまでの間に、西ドイツとフランスは年１６００時間台、アメリカやイギリスは年１８００～１９００時間台にまで短縮しました。こうした現状を踏まえ、日本も先進各国を基準に合わせて年１８００時間まで短縮していこうと示したのが、先の新前川レポートです。当時の日本人の平均労働時間は年２１５０時間ほど。「過労死」という言葉が生まれたのもこのころです。

以来、働きかたの仕組みという点でみると、労働基準法の改正により、週あたり48時間だった労働時間が、段階的に40時間に短縮されたり、パートタイム雇用者の比率が増えたり、派遣社員の数が、00年から5倍近くに増えるなどして、サラリーマンの労働時間は短

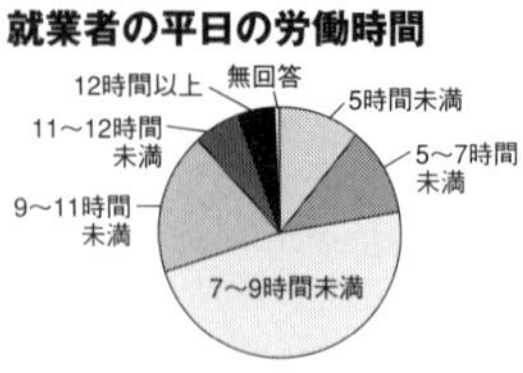

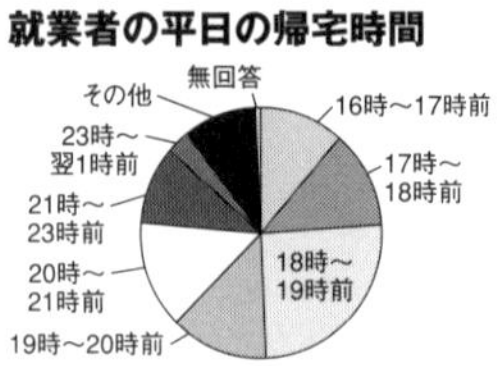

※パートタイム、アルバイトなどを含む。
内閣府「国民生活選好度調査」07年

縮されてきました。実際、サラリーマンと、労働時間の短いパートタイム労働者の両方を合わせると、全体の平均労働時間は月１４９時間（08年10〜12月）にまで短縮しました。

ただし、サラリーマンに限ってみると、労働時間はここ10年以上、現在の１７０時間前後から減っていません。つまり世界水準を目指したけれど、実質的な短縮として、サラリーマンの労働時間はこれくらいが限界ということです。

なぜ下げ止まりになっているのか。

じつはここに、フツーをきわめていくうえでのヒントがあります。

たとえば、週40時間の労働時間を目指して、会社から離れた場での充実度を大事にしようと決めます。それが自分にとってふさわしい働きかたであり、フツーだと位置づけます。あるいは、「元気に働けるのはいまのうち」と考えるなどして、さしあたって、世のなかの平均労働時間より長く働いていても、それが自分にとってフツーだと位置づけるとします。どちらをフツーと位置づけても、それはたいして重要なことではありません。平均は目安であり、参考にするものに過ぎないからです。

重要なのは、自分が「これがフツーだ」と決めたことを、きわめていくことにあります。

「休みがほしいけど、会社に居のこっている自分も嫌いではないし……」

というのでは、ダメです。それくらいの意識を持つだけできわめられるほど、フツーはかんたんではないからです。つまり「意識」でなく、「意志」。

「これくらいがフツーだろう」

と意識するだけでは、現実は変わりません。だから、月１７０時間から減らない。漠然とした不満が生まれてしまう。月１５０時間がフツーだと考える場合には、

「なにがなんでも短縮しよう」

という意志を持つから、変化が起きる。

平均値以上に働くのが今の自分にとってフツーだと考える場合には、

「世間がどうであろうと、オレは働く」

という意志を持つから、それがエネルギーになる。

「きわめる」は「きわめる！」で、必死でとり組むから、きわめられるのです。

●平日のフツー
平日の平均労働時間は、「7～9時間未満」がもっとも多く、全体の48%。一方で、「12時間以上」と回答した人の割合も5%である。また、平日の帰宅時間は、全体の半分が「19時前」までに入る。「21～23時」は10%、「23～翌1時」は3%である（内閣府「国民生活選好度調査」07年）。

労働時間

ワーク・ライフバランスがおかしい

そもそも労働時間の短縮には、私的な時間を充実させるという目的があります。1日は24時間で固定ですから、労働時間が変わると、のこりの時間、つまり私的な時間も変わります。したがって、労働時間について考えるのであれば、私的な時間になにができるか（したいか）についても考える必要がある。つまりワーク・ライフバランスです。

調査によれば、平日に自由にできる時間が「5時間以上」と答えている人は26%。休日

自由時間のフツー（調査：自由時間はどれくらい？）

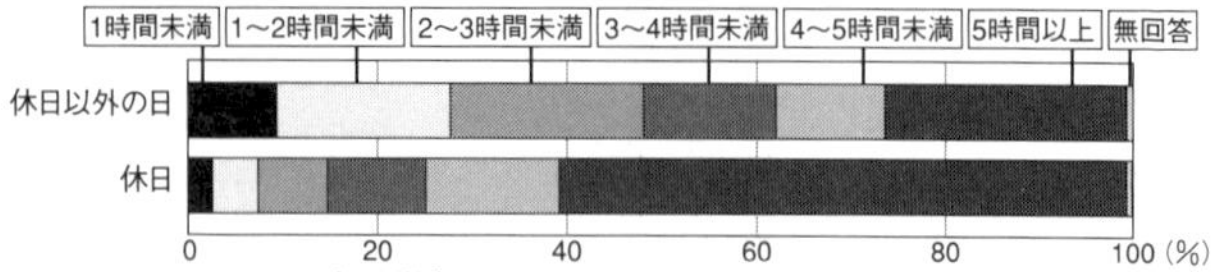

※パートタイム、アルバイトなどを含む。
※睡眠や食事などに必要な時間、仕事や通勤・家事など社会生活において義務的に使う時間を除いた時間。
内閣府「国民生活選好度調査」07年

に5時間以上自由時間がある人は60％です（内閣府「平成19年度国民生活選好度調査」）。

はたして、5時間以上もの時間を有意義に使っているのか。

おそらく、使っていないでしょう。

なぜかといえば、私的な時間の使い道がないがしろになっているため。

だから、労働時間が減っても、ワーク・ライフバランスが整わないのです。

それを端的に表しているのが、旅行です。

たとえば、数日間の海外旅行をするとなれば、たいていの人がスケジュールを組みます。

1日目はここへ行き、こことここで食事をする。2日目はあそこをみて、あそこで買い物をする。その結果、バカンスに出たつもりが、平日に仕事をしているよりも疲れてしまう。

ようやく家に帰り着くや、

「やっぱり家が一番」

となる。むしろ、それが旅行だと思っている人がいるかもしれません。

あるいは、休日のたびにパチンコに行くお父さんであり、ゲームばかりして過ごす若者です。「ワーク」の部分である労働時間の短縮には工夫があっても、「ライフ」の部分に工夫がない。だから、いろいろとやろうとして疲れるか、やることがなく退屈にすごすわけです。

「ワーク・ライフバランスが重要だ」

●働きかたのフツー
働きかたの指針として、ワーク・ライフバランス（仕事と生活の調和）という言葉が定着した。出生率向上、男女均等政策、労働時間政策、非正規労働者政策など、就労への全般的な改革について、現在、政府や民間企業によりさまざまなとり組みが進められている。

とはいうものの、ライフがどういうものなのか、定義できていない。

「豊かに生きたい」

とはいうけれども、豊かさがなんなのかがよくわからない。

だから、結局、安易な発想で物質的な豊かさを求めることになり、そのためにはお金が必要だということになる。やっぱり仕事をしようというところに戻ってくる。そういう堂々めぐりが、週あたり１７０時間という労働時間から減らない理由ではないでしょうか。

世間が、ワークの部分にあたる労働時間を短縮したいのはわかりました。

では、どういうライフを望んでいるのか。

ここを考えずして、労働時間を短縮しても、ヒマな日々を生み出すだけなのです。

資格

若旦那《わかだんな》社会

資格取得が流行《はや》るのも、バランスの乱れによるところが大きいといえます。

「労働時間が減り、私的な時間があまった。じゃあ、資格でもとってみるか」

そういう発想です。

落語の世界では、呉服屋の若旦那などが、似たようなことを考えます。店のきりもりは、番頭や奉公人がやってくれる。自分は時間があまってしょうがないから、近所の先生に長

●社外勉強のフツー
過去1年間に「学習」や「研究」を行った人は、3998万人。行動者率は、男性34%、女性36%。その内容を種類別、男女別にみると、男性は「パソコンなどの情報処理」「商業実務・ビジネス関係」「人文・社会・自然科学」の順で多く、女性は「家政・家事」「芸術・文化」「英語」の順（総務省「社会生活基本調査」）。学習意欲は尊いが、はたして自分の価値を高める効果が得られるのだろうか。

唄などを習いに行く。習ったら、今度はそれを披露したくなるから、長屋の連中を集めて、聞かせようとする。長屋の連中は、そんなものを聞かされてはたまらないということで、苦しいいいわけをつくって逃げようとする。

現在の資格取得というのも、根本的に同じではないでしょうか。

たとえば、漢字検定に合格した人が、むずかしい漢字のクイズを出してくる。一般知識として、未曾有を「みぞうゆう」と読んでしまうようでは困るのですが、根本的な問題として、未曾有という言葉を使えなければ意味がありません。

あるいはカラーコーディネートの資格をとった人が、

「その服の色のバランス、ちょっとおかしい」

と提言してきたりする。バランスがおかしいのはあなたの時間の使いかたではないかと、そういってやりたくなります。

こういう現代版の若旦那を生み出し、若旦那社会をつくっているのも、じつはワーク・ライフバランスが整っていないからです。

なによりもまずいのは、資格に目を向けることによって、本来、優先してとり組むべき「欠点をなくす」という作業がないがしろになる点です。

サラリーマンの人生が、事業主やアーティストなど、サラリーが確定しない人たちに比べて有利なのは、長期にわたって安定する可能性が高いからです。なぜ安定するかといえ

ば、職能がかたよらないからです。つまり、

「なんでもフツーにできます」

といえるからこそ、サラリーマンは強い。営業部から経理部に異動することもできますし、会社のほうでも、そういう普遍性のある人を大事にする。編集者が編集長になるうえでも、編集能力のほかに、マネジメント能力、営業力、広告術、経営感覚といった、編集作業だけをしていては身につかない能力が求められます。

ようするに、欠点に目が向かなければ、サラリーマンとしての価値があがらないということです。資格取得にはげむのも結構ですが、サラリーマンとしての自分の価値を考えるのであれば、そのアプローチは論理的ではありません。専門性に目を向ける前に、まずは欠点をなくす（少なくする）。自分の欠点をみつけて、徹底的に克服していく。なにごともまんべんなくできる人を目指す。それが、フツーをきわめるということです。

呉服屋の若旦那が嫌われるのは、

「長唄でも習えば、長屋の連中と接点ができるだろう」

と考えているところが的はずれだからです。的はずれだから、世間はずれになる。世間はずれとはつまり、フツーじゃないということです。

労働時間が減った。私的な時間ができた。ならば資格でもとってみようというアプローチも、おそらく世間はずれの方向に向かいます。そういう発想が、「つぶし」のきかないサ

ラリーマンをつくるのです。

休日

フツーは教養を身につけることから

ワーク・ライフバランスを整えるうえでは、休日の使いかたについても考えてみる必要があるでしょう。

現在、多くの企業で週休2日制が導入されています。この原型ができたのは、いまから約50年前です。

当時、日本で週休2日制を導入する企業はほとんどありませんでした。そんななか、松下幸之助氏はいち早くここに着目し、導入にとり組みました。その背景にあるのが、「1日休養、1日教養」という考えかた。アメリカを超える能率を生み出していくうえで、松下電器の従業員には、身体を休める時間（休養）だけでなく、自分を磨く機会（教養）も必要だろうと考えた。しかし、ずっと仕事場につめていたのでは、仕事に関する技術や知識は身につきますが、それ以外のことが身につかなくなってしまう。専門バカになる。だから、休日をつくり、教養を身につける機会を創出したわけです。

残念なことに、いまのサラリーマン社会では「教養を身につける」ということがどこかへ忘れ去られ、「週休2日＝2日休養」というとらえかたが主流になりました。

●有給のフツー

欧米8カ国との比較で、日本人の有給休暇の平均取得日数は、もっとも低いようだ。日本人が年間に付与される有給休暇の平均日数は16日。もっとも多いのがフランス37日で、その半分以下である。実際に取得した有給休暇についても、日本は8日でもっとも少なく、フランスが最多で35日（「エクスペディア・レポート／国際有給休暇比較2008」）。しかし、問題は有給をどう使うか。ただ休めばいいというものでもないだろう。

フツーをきわめる、つまり、欠点なく、なにごともまんべんなくできる人を目指すうえでは、まずは「1日教養」という原点に戻る必要があります。

教養とはなにかといえば、「社会人として必要な広い文化的な知識」と、辞書にあります。つまり、仕事や、給料・待遇のアップといった実利とは直接結びつかないけれども、知っておくべきことや、身につけておくべきこと。学問もそのひとつですし、芸術もそのひとつです。マナーもそのひとつです。したがって、

「キャリアアップのために資格をとろう」

というのは、動機が実利にありますから、教養を身につけるための活動とは少しちがう。

「お金がかかるから、土日は動かない」

というのも、そういっている人の顔に、おそらく教養のなさがにじみでていることでしょう。人としての素養を身につけて、人ははじめてフツーといえるのです。

未来

超高齢化社会のサラリーマン

目的のない労働時間の短縮は無意味ですが、将来という点でみると、ひとつ踏まえておくべきことがあります。労働時間を短縮できるよゆうを持っておくことです。

みなさんがかりに、あと数時間、労働時間を短縮しなければならなかったとしたら、そ

介護のフツー（家族が要介護者になる不安は？）

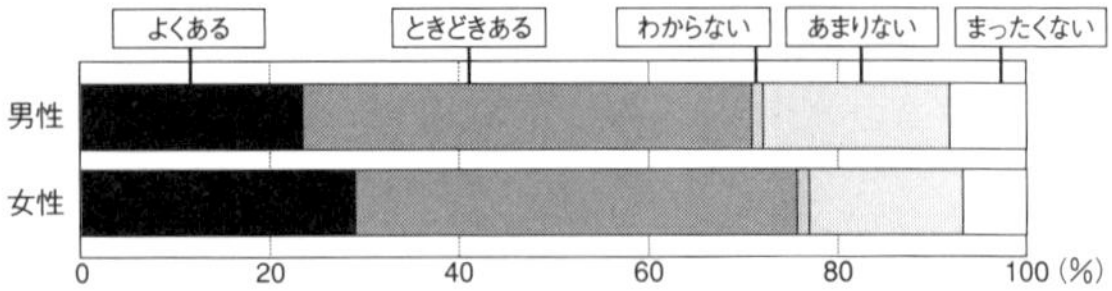

内閣府「高齢者介護に関する世論調査」03年

れは可能でしょうか。

世間ではいま、高齢の親を持つ人が介護の時間を捻出できず、睡眠不足や過労といった問題を抱えるようになっています。現在の労働時間が最大限で、短縮の余地がないと、みなさんもおそらく、同じ道をたどることになるということです。

介護のための時間を確保するために、離職や転職をした人も、06年末からの1年で14万人（うち男性は2万6000人）にのぼっています。その多くが、40～50代。実際のところ、この年齢になってから新たな勤務先を探すのもむずかしいでしょう。

みなさんにとってはまだ先の話かもしれませんが、しかし、そう遠い未来でもない。さて、みなさんの会社の40～50代の先輩社員はどのように働いているでしょうか。30代の人と同じように労働時間目一杯働いており、私的な時間を捻出できない状態なのではないでしょうか。それが未来のみなさんの姿かもしれません。

親に介護が必要になった際には、施設に入って我慢してもらうという方法もあります。しかし、現状でも、すでに特別養護老人ホームでは40万人が入居待ちをしています。民間施設に入ってもらうのであれば、そのぶんのお金を準備しなければなりません。

企業のなかには、介護休暇制度を設けているところもあります。現在、5人以上の事業所で56％、30人以上の事業所の81％に、この制度があります（厚生労働省／05年）。しかし、実態はどうか。ホントに制度を使える状況にあるのか。実際に使っている人はいるのか。そんなことも考えてみなければなりません。

日本は今後、高齢化社会から〝超〟高齢化社会へ向かいます。仕事をかかえ、親の世話もかかえる日常が、サラリーマンにとってフツーになります。そういう近未来を踏まえることもワーク・ライフバランスです。

多くの人は、現状の仕事に満足しています。データでも、現在の仕事に満足している人が69%を占めています（内閣府「平成19年度国民生活選好度調査」）。

しかし、いまはいま。

「オレは働きすぎだ。でも、充実感があるから満足している」

それでは、超高齢化に対応していけません。貯蓄残高ギリギリで生活しているのと同じです。なにかあった場合、たとえば急に親の具合が悪くなった場合に、フツーのサラリーマン生活が成立しなくなります。想像できる未来を考えて、フツーを維持できるようよゆうをつくっていく。それも、フツーをきわめるうえで重要な視点です。

年収

ボーナス頼りでは乗り越えられない

年収はどうか。

平均年収のデータから簡単に計算すると、サラリーマンの年収は、「年齢×1・4×10万円」の前後です。具体的にいえば、06年の平均年収は、25〜29歳男性が379万円、30〜34歳男性が461万円、35〜39歳が555万円です。当然ながら、業種によって、たとえば金融や不動産業が高く、繊維工業、農林水産業などが低いといった差はありますが、平均の目安としてはこれくらいです。

長い目でみると、いずれの職業においても、サラリーマンの年収は、基本的に勤続年数とともにあがります。平均年収もピークである50〜54歳まで右肩あがりになります。45〜49歳の平均年収は656万円、50〜54歳が662万円ですから、みなさんもこの先、これくらいの額を目安に、年収が増えていくはずです（国税局「民間給与の実態調査」）。サラリーマン生活の安定をはかるうえでは、この右あがりの線をつくっていく必要があります。

短い目でみると、サラリーマンの年収で特徴的なのは、ボーナスがあるということでしょう。最近は年俸制を導入する企業が増えていますが（06年の時点で1000人以上の事業所の37％）、多くのサラリーマンにとって、6月と12月は特別な意味を持ちます。

08年でみると、大手企業（東証一部、従業員500人以上）のボーナス平均支給額は、夏季、冬季ともに90万円前後（日本経団連）。賞与も基本的に勤続年数に比例するので、長く勤めるうえでのモチベーションになりますし、実生活においては、平均値とはいえ、年180万円という大金は、年収の大きな柱でもあります。

「毎月の家計収支は赤字。それをボーナスで補っている」

●給料のフツー

08年10〜12月のサラリーマンの平均月給は、5人以上の事業所に勤める人で、41万円、30人以上の事業所に勤める人で、45万円（「毎月勤労統計調査」厚生労働省）。東京都の平均的な家族では、世帯主の収入が48・8万円。配偶者の収入が4・5万円。その他の収入をくわえて、計57・4万円が実収入（「都民のくらしむき」07年）。給料という点でいうと、これくらいがフツーの範囲といえるだろう。

給与の平均

平均給与の推移

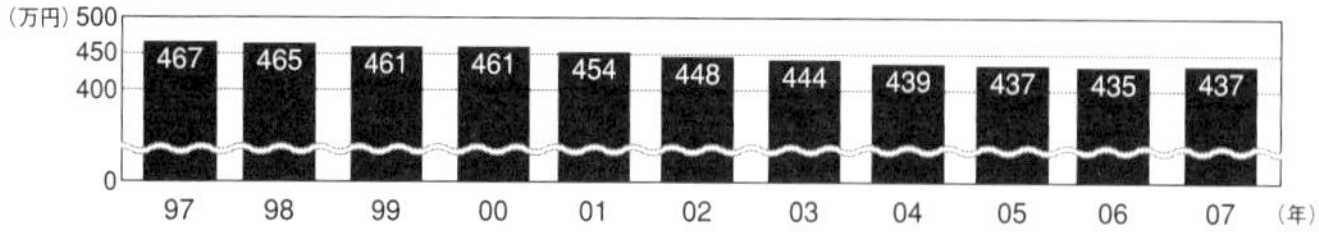

業種別平均給与

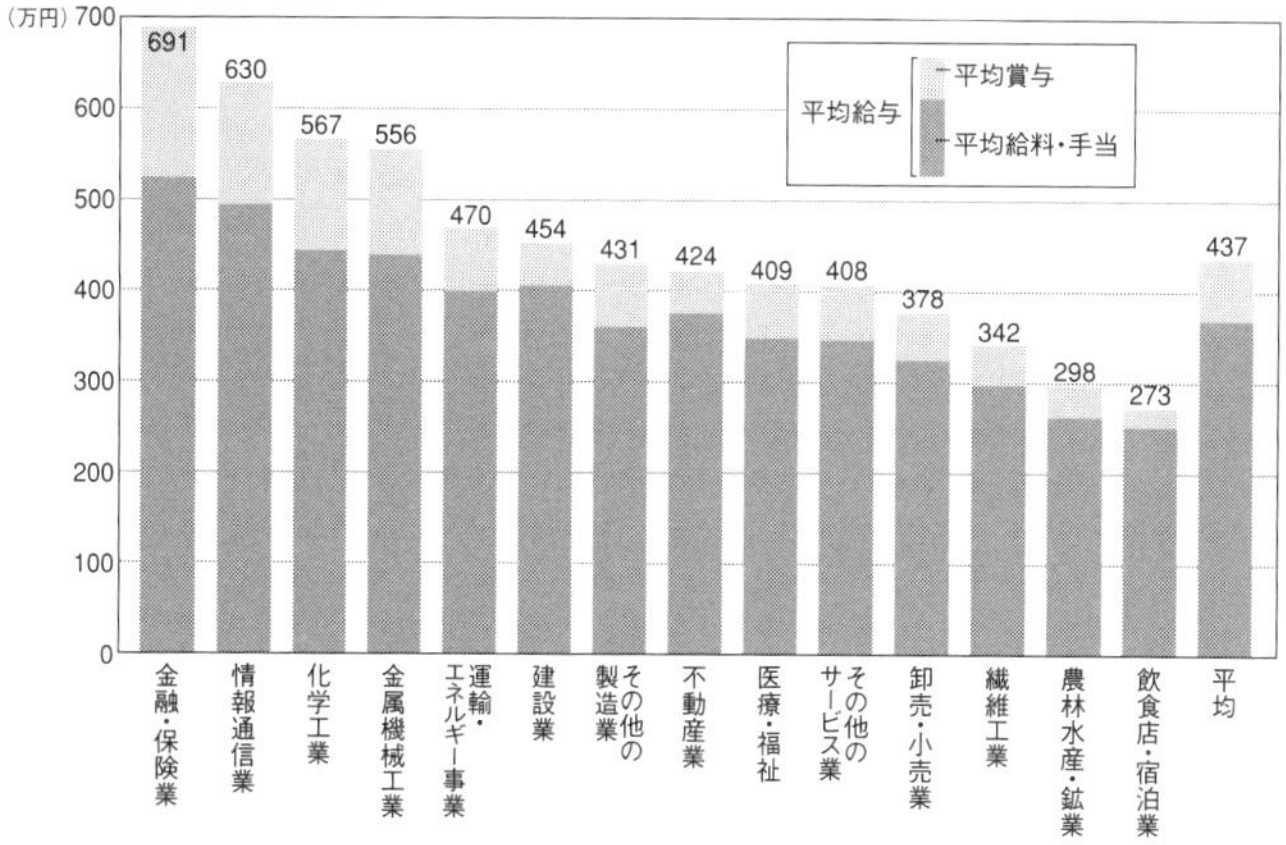

年齢階層別の平均給与

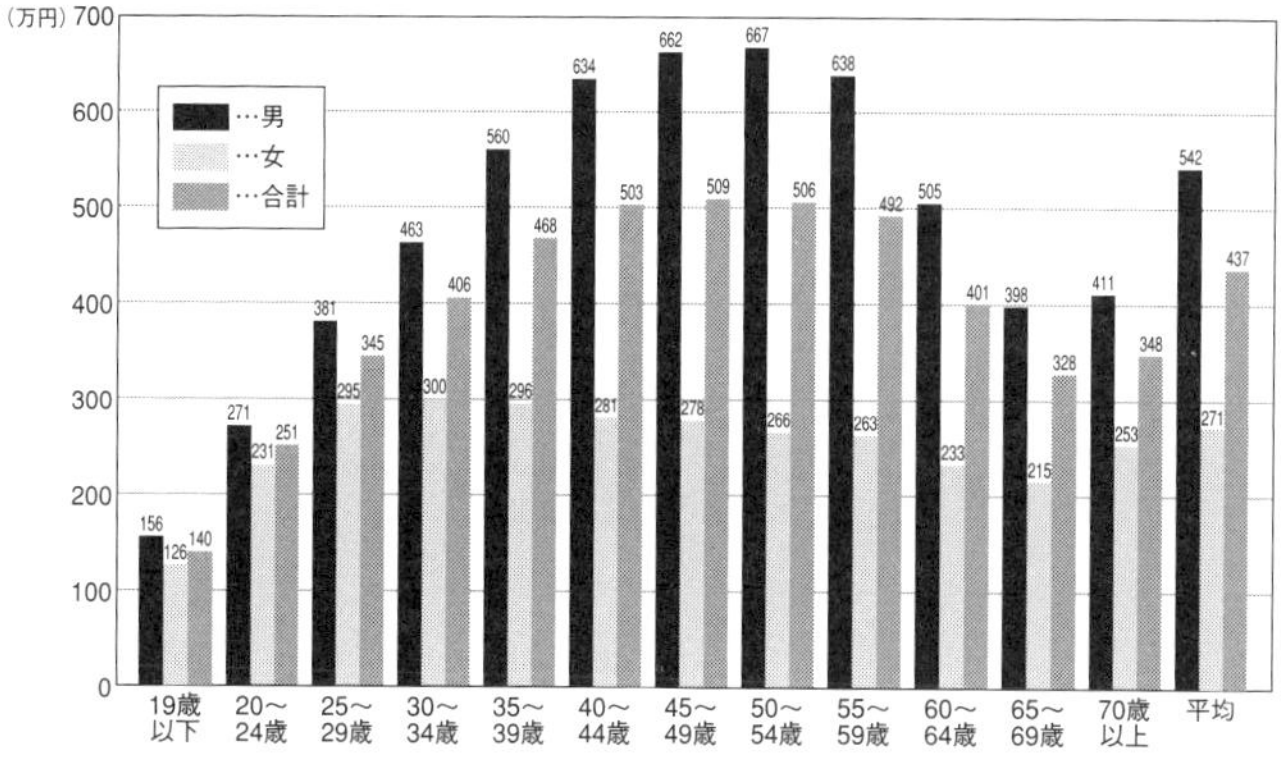

国税庁「民間給与実態統計調査」2007

業種別・給与のフツー

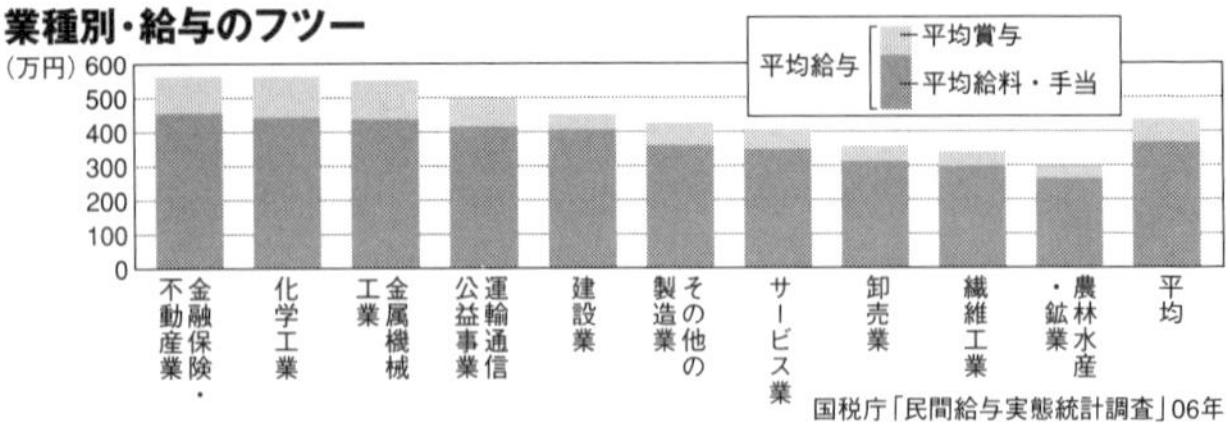

国税庁「民間給与実態統計調査」06年

実態として、そういう家計を組んでいるサラリーマンも多いでしょう。

しかし、これはあぶない。というのも、年収に占めるボーナスの割合は、96年からの10年間で、24%から18%（男女平均）と年々下がっているからです。つまり「ボーナスをアテにする」という考えかたは、そのアテの度合いにもよりますが、年俸制のように年単位で賃金が確定している場合と比べ、フツーの生活が破綻するリスクが高いということです。

今後、とくに08年からの不況を踏まえれば、期待しているだけのボーナスがもらえないこともあるでしょう。「少ないだろう」と踏んでいるよりも、さらに少ない場合もある。そもそも労働基準法においては、賞与は恩賞的なものとして位置づけられています。とくに就業規則に記していなければ、事業主に支払い義務が生じたり、従業員に請求権が発生することもありません。「ゼロです」といわれれば、それまでです。

ご存知かもしれませんが、盆・暮れのボーナスというのは日本特有の文化です。江戸時代、商店の主人や親方が、番頭や奉公人に盆、暮れに衣類や小遣いを与える習慣があり、それに由来するといわれています。

現代風に解釈すれば、夏休みや正月休みに、家族旅行に出たり、帰省したりするための小遣いといったところでしょうか。それはそれで、日々の生活費とは財布の別のところに入るものですから、アテにしすぎるのは本来の姿ではありません。ここを踏まえることも、フツーをきわめるうえで重要です。つまり、確定しているもの（毎月の賃金）と不確定なもの（ボーナス）のバランスを整えて、確定しているもので生活が成り立つ家計をつくっていく。すると、家計が安定して、なにごともまんべんなくできるようになる。安定するから、よけいな心配ごとが少なくなる。

「毎月の家計は赤字だけど」

と、平気な顔をしている場合ではないのです。

年収

ワーク・マネーバランス

仕事と年収の関係、つまりワーク・マネーバランスにおいては、たいていの人が、

「もっとほしい」

と考えるでしょう。データにもそれが表れています。現在の収入に不満を感じている人は63％（内閣府「平成19年度国民生活選好度調査」）。実感として、あるいはサラリーマンの率直な感想として、提供した労働力に見合っただけの報酬をもらっていないと感じているようです。

人の本質という点でみても、人はたいてい、客観的な評価よりも高く自分を評価しますから、

「オレはもっともらっていいはずだ」

と考えるのは自然なことかもしれません。自分の職能について、「非凡」な部分にだけ目

ボーナスのフツー（平均賞与の推移）

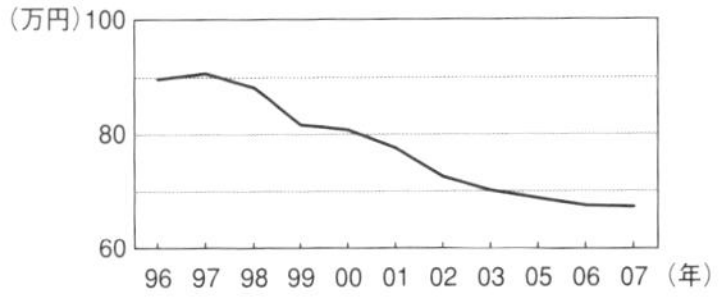

国税庁「民間給与実態統計調査」06年

希望を見出せれば、将来は明るい

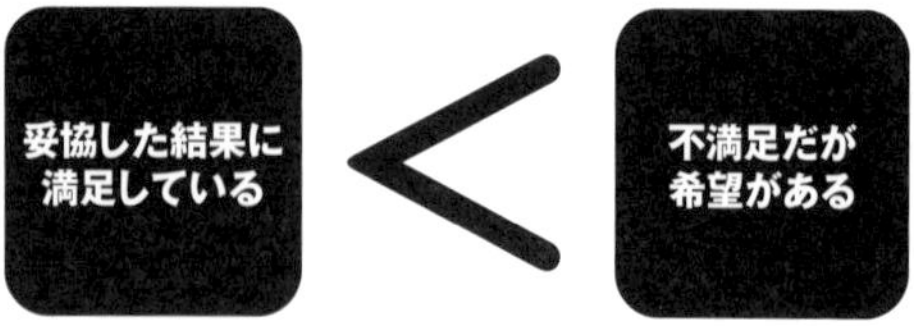

が向き、欠点に目が向かないのも、自己評価が高いため。「なんでもフツーにできる」ことの価値を軽んじてしまうのも、そのためです。

　ワーク・マネーバランスを考えるにあたっては、じつは、「満足している・していない」よりも、「満足・不満足」の理由がなんなのか、それが重要です。具体的にいえば、「希望」がある（ない）から満足（不満足）なのか、「妥協」している（していない）から満足（不満足）なのかです。

　たとえば、33歳男性で年収が３００万円台なら、平均値にとどいていませんから、生活水準が低くなる可能性が高い。その現状が「不満足」なら、仕事にいそしんで会社に利益をもたらすか、仕事を変えるか、選択肢はその２つくらいしかありません。

　しかし、なかには「満足」だと感じる人もいます。

　たとえば、終身雇用が期待でき、年収が勤続年数に応じて高くなるのであれば、そこに「希望」がありますから、現状は年収が低くても、「満足」と感じるかもしれません。企業の規模にかかわらず、今後、業績が伸び、それに応じて年収も増えていくだろうと期待できれば、やはりそこには「希望」があります。かんたんにいえば、希望があるから、仕事にも熱が入る。だから、年収も、フツーのサラリーマンの水準を超える勢いで右あがりになる（可能性が高い）。希望は、現状の満足感よりも重要なのです。

　一方、景気の動向や自分の能力などを踏まえて、年収が平均にとどいていない現状を「満足」と感じる人もいます。つまり「妥協」としての満足。

「今後も平均にはとどかないだろうけど、しょうがない」

そういう考えかたです。こう考えているうちは、おそらく人生はフツー以下にとどまるでしょう。妥協による満足感は、そこから上を目指すためのエネルギーを殺すからです。

20歳前後から60歳前後までの40年くらいのなかで、「希望」が大きいのは若いうちです。入社当時は、

「こういう仕事をしたい。これだけ稼いでこういう生活をしたい」

という希望があります。若ければ若いほど知識も経験もないわけですから、希望だけが財産ともいえます。

これが、勤続年数が長くなるにつれて、だんだんと妥協へと変わっていきます。

「これくらいの年収でしょうがない。こんなもんだろう」

と思うようになる。

希望がほとんどなくなり、「妥協」に差し替わるのが、定年退職のころです。また、定年退職の前に希望がすべて妥協に変わってしまうのが、社内ニートです。大手企業であっても業績悪化が著しいなかで、社内ニートを養うよゆうはありません。

そういう点でみれば、20代はもちろん、30代でも40代でも、早々に妥協してはいけません。希望を持っていなければなりません。会社や仕事内容に対する希望でもいいし、自分

自身に対する成長という希望でもいいでしょう。

上司（教師）が部下（生徒）に対して期待すると、そのぶんだけ成績があがるという現象を「ピグマリオン効果」と呼びます。自分が自分に対して期待することにも、同様のことがいえるのではないでしょうか。

つまり「これでいい」ではなく「こうなるだろう」。年収は、希望があるときに右あがりになり、妥協するほど、その角度が鈍くなるのです。

現状で平均以上の年収をもらっている人についても、同じことがいえます。

たとえば、社風として40代で退職する人が多かったり、仕事の特性として40、50代まで続けられないものであったりすれば、いまでこそ年収が平均以上で、満足していても、その先に「希望」がありません。希望がないということは、平均年収という点でフツー以上である現状が、フツーになり、フツー以下に落ちていくということです。現状に満足していても、希望がなければ、フツーのサラリーマン人生を維持していけないのです。

●転職事情のフツー
２００８年12月の正社員有効求人倍率は、０・47倍。08年通年の有効求人倍率は０・88倍で、04年以来の低水準となった（厚生労働省発表）。転職はいまや、万人の選択肢ではなく、有用な人（＝フツーをきわめた人）だけに与えられる選択肢といえるのではないだろうか。

転職はセルフプロデュース

ワーク・ライフバランスとともに、日本の労働市場が欧米に大きく影響を受けているのが、「キャリアアップ」という概念の定着です。

転職者の賃金、役職等決定の際にもっとも重視したもの

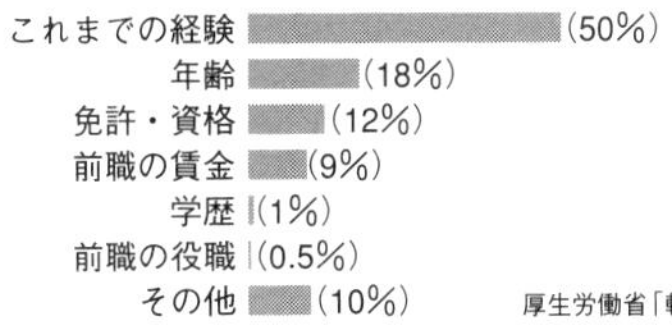

厚生労働省「転職者実態調査結果の概況」06年

たとえば、「転職」がその代表的な方法でしょう。より豊かに働くために、あるいは労働価値を高く評価してもらい、より豊かな生活を手にするために、転職を視野に入れながら働いていこうという考えかたです。

先にデータを紹介しておくと、数字の上でも、いまは転職が身近な時代だといえます。転職経験のあるサラリーマンがいる事業所の割合は54％。１０００人以上の事業所に限ると、83％におよびます（厚生労働省「転職者実態調査結果の概況」06年）。

企業としては、競争が激化したり、景気が悪くなるほど、従業員を「育てる」ための力をセーブし、即戦力を求めるようになります。効率良く仕事がまわるように、従業員をターンオーバー（入れ替え）していくのが、企業戦略のフツーです。優秀な人材をとるという目的があり、そのための手段として高待遇を用意します。

一方、働き手のほうはどう考えるかといえば、大半が給料や待遇をきっかけに転職を考えます。自分が転職先の企業にとって優秀な人材となりうるかどうかは、その次に考える。つまり企業の理屈と順番が逆になっている。この順番をまちがうのが、転職で失敗する人に共通している点です。

実情としては、起業ブームと似ているかもしれません。

ある若者が起業したいという。企業に頼らずに生きていくのがこれからのスタンダードな生きかただという。しかし、なにをやって商売していくのかときくと、

「それはこれから考える」

となってしまう。ようするに、起業することが目的になっていて、中身がともなっていない。転職も、転職することが目的になっていて、なにをして、どのように働くかという点がないがしろになっている。だから、失敗するのです。

転職に失敗しないために、もうひとつ踏まえておくべきことがあります。

それは、セルフプロデュースがうまくなければならないということです。

セルフプロデュースとは、かんたんにいえば、

「オレを採用すると得である」

というアピールです。転職者の採用は、企業にとっての買い物ですから、売りこむ側である働き手も、自分という商品を売りこむプロデュース力が問われます。

個を重視するアメリカ人は、これがとびぬけてうまい。個々が、サラリーマンというよりは個人事業主に近い感覚で、これまでの職歴や経験を自分という商品の貴重なアピールポイントと位置づけているからです。あるいは、そもそもがアメリカンドリームの国ですから、そういう環境で生き抜くためには、セルフプロデュースする力を磨く必要性があったのかもしれません。

なかにはアピールがうまくない人もいますが、しかし、アメリカは転職市場が成熟していますから、アピールを代行してくれるエージェントがあちこちにいます。だから、アメ

●転職者採用のフツー
06年の「転職者実態調査結果の概況」（厚生労働省）によると、54％の事業所が、今後3年間の動向として転職者を「採用する予定がある」と回答。依然として転職市場は機能しているようだが、はたして現在の不況は、転職市場にどのような影響を与えるだろうか。

●世界一の金持ちは？
米フォーブス誌の２００８年の世界長者番付によると、栄えある第1位は米投資家のウォーレン・バフェット氏。以下メキシコ電話会社のカルロス・スリム氏、米マイクロソフト社のビル・ゲイツ氏と続く。いずれも資産は５００億ドル以上。日本の第1位は森トラストの森章氏で75億ドル。世界順位は１２４位（２００９年はユニクロの柳井正氏で61億ドル）。

リカでは転職が多い。アメリカ労働省によると、アメリカ人の平均転職回数は、28〜32歳の間で2・6回、33〜38歳までの間で2・5回。10年で5回も転職しているそうです。

そういう実情がつくり出しているのが、「転職を視野にいれて働く」という働きかたであり、「転職が成功のきっかけになる」という環境です。

たとえば、アメリカの企業の社長やCEOが、桁ちがいの年収をもらっているという現状や、業績不振のビッグスリーでも、CEOが2億ドル（約１８０億円）の年俸をもらっていたのが、その一例。そこまでのぼりつめなくても、ぺーぺーのサラリーマンにもあらゆる点で成果主義をとり入れていますから、結果次第で１００万ドルの成功報酬をもらうということもあります。

ひるがえって、日本はどうか。

基幹産業である自動車、電機、造船、鉄鋼などをみわたしても、アメリカ並の年俸をもらっている社長はいませんし、アメリカの１００分の1ももらっていれば上出来です。

悪くいえば、夢がない。

良くいえば、欲がない。

アピールも下手です。日本人は謙譲の国民ですから、細い道ですれちがう際には道を譲り、まんじゅうがのこり1つなら相手に「どうぞ」と譲る。そこに美学を見いだします（もちろん、それはすばらしいことです）。

●社長のフツー

CNNの番組を通じて、日本航空の西松遙社長が人気を集めている。西松氏は現在、同社の経営再建に向けたとり組みのひとつとして、年収を９６０万円（パイロット以下）に下げたほか、都バスで通勤し、社員食堂で昼食をとっている。その様子が全米に報じられた結果、「彼のように強欲と富にまみれていないCEOは珍しい」と高く評価されることとなった。社長のありかたのフツーが、日本を見本にして世界的に変わっていくかもしれない。

最近でこそ、「オレが、オレが」で自己主張する人も増えましたが、根本的な性質として、世間がそれを美しいと感じない。転職市場も急成長していますが、アピールを代行してくれる力を持ったエージェントも少ない。それがつまり、アメリカと日本の風土のちがい。アメリカンドリームの国でフツーのことを、謙譲の国にコピーして持ちこんでもダメなのです。

「転職して年収が１００万円あがった」

というようなよもやま話を、われわれはなぜか信じてしまいます。とくに転職願望を秘めている人であれば、渡りに船で飛びついてしまう。しかし、おそらくそれでは失敗します。転職で成功するためには、自分の能力を売りこむ力がなければなりません。これを度胸とかたくましさといいかえてもいいでしょう。

「オレを採用すると得である」

といいきる、そういう度胸が求められるわけです。

もっとも、売りこむためには、普遍的なビジネススキルとか、全体をみわたす広い視野などを身につけ、なにごともまんべんなくできるようでなければなりません。つまり、正社員としてのフツーをきわめておく必要がある。

「欠点が多く、できないことがたくさんありますが、いまより高い給料で雇ってください」

というのは、度胸があるとはいいません。厚かましいというのです。

●業界のフツー

今後、正社員の転職者を採用する予定がある企業を産業別にみると、「積極的に一般正社員の転職者を採用したい」と考える企業は、「運輸業」（77%）、「飲食店、宿泊業」（61%）、「金融・保険業」（58%）がトップ3。新卒者よりも、転職者を優先して採用したいと答えているのが、「鉱業」（46%）、「サービス業」（24%）、「教育、学習支援業」24%）。「電気・ガス、熱供給・水道業」（90%）、「複合サービス事業」（85%）、「建設業」（55%）などは、転職者より新卒者を優先して採用したいと答えている。

やっぱり肉まんが一番うまい

もちろん、キャリアという意識は、転職を考えていない人にとっても重要です。

とくに最近は、不況の影響で、働き手のなかに保守的な意識が強くなりました。「終身雇用」への期待度も高くなっています。

たとえば、社会人全体の意識はどう変わっているかというと、86%が「終身雇用」を「良いことだ」「どちらかといえば良いことだ」と答えています（労働政策研究・研修機構「第5回勤労生活に関する調査」08年）。4年前の調査から8%も増えました。

また、キャリアについての考えかたも変わり、「1企業キャリア型」、つまりひとつの企業に長く勤めるコースを支持する人は49%。転職でキャリアアップしていくコースは、その半分の25%。いずれ、もしくは最初から独立して自営を目指すコースは、さらにその半分の12%です。

若い世代の意識も、保守傾向は反映されています。

新入社員を対象にした調査によると、「いまの会社に一生勤めたい」という回答が40%。調査を開始した97年以来、最高の数値です（社会経済生産性本部「第18回２００８年度新入社員半年間の意識変化調査」）。

一方で、企業はいま、人を減らしたいと考えています。

●役員のフツー

08年上半期に選任された上場企業の新役員344名のうち、「出世を意識して仕事にとり組んできた人」は、全体のわずか19%。前年の調査から約12ポイント下がった。また、役員の上には、社長や会長といったポストがあるが、「これ以上の昇進は望まない」という人が、41%だった（07年は29%）（日本能率協会「新任役員の素顔に関する調査」）。出世意欲は、いまどき流行らないのだろうか。

失業急増時代のフツー（失業率の推移）

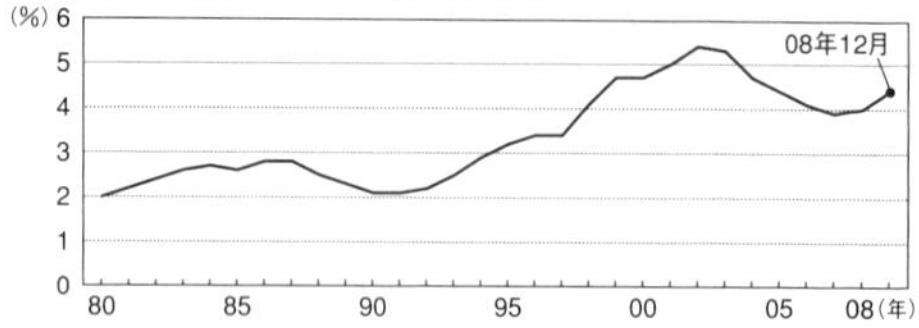

総務省「労働力調査」

09年3月期の業績予想でみても、トヨタも日産も、シャープもパナソニックも、日本の産業を支える大企業が、軒並み下方修正をしました。派遣社員に限らず、08年10月から09年3月までに、正社員も６０００人以上が失職すると、厚生労働省が発表しています。

もちろん、人をとる企業もあります。しかし、必要最低限しかとりませんし、その席を求める人は激増しています。過日、緊急雇用対策として、大阪府摂津市が職員の追加募集をしましたが、10人という席数に対し、28都道府県から１０７７人が集まりました。

こういう差し引きの結果、失業率が跳ね上がります。すでに７％台に入っているアメリカよりはましですが、日本でも、08年12月だけで前月比０・５ポイントも上昇し、４・４％になりました。これは、１９６７年以来の悪化幅です。

かんたんにいえば、想像できなかった異常な世界がやってきたということです。これからやってくるのではありません。もうすでに、やってきてしまったのです。

さて、働き手は長く勤めたいという。一方の企業は人をほしがらない。

そういう状況のなかで、終身雇用されるのは誰か。

転職せざるをえない状況になった際、少ない働き口を確保できるのは誰か。

いうまでもありません。

「なんでもフツーにできます」

と断言できる、フツーをきわめたサラリーマンです。ピザまん、カレーまん、フカヒレまんと、いろいろ個性的な商品はあっても、結局のところ、フツーの肉まんが一番うまい。一番売れる。そこに気づき、そういう存在を目指すことが、フツーをきわめるということです。

　では、われわれはどうやってフツーをきわめるのか。

「日々の小さな積み重ねが大事。逆転ホームランをねらったら失敗する」

と、日本マクドナルドの創業者、藤田田氏はいいました。

　おそらくここに、考えかたの真髄があります。異常な世界で生きのこるのは、フツーのことを積み重ねる大切さを知っている人だということです。

「やった人にだけノウハウがつき、スキルがつく。ノウハウがない、スキルがないからと勝負に出るのをやめるなんて大変な勘ちがいです」

　そういったのは、ＴＳＵＴＡＹＡの創業者、増田宗昭氏です。

　おそらくここに、動きかたの真髄があります。フツーの大切さがわかっても、行動しなければ意味がない。異常な世界を生き抜けるのは、行動できる人だということです。

　フツーをきわめるためのステップは、じつはこの2つだけです。

「知る」ために脳を働かせる。

「行動する」ために身体をつかう。

　フツーをきわめることとは、欠点なく、なんでもまんべんなくできる人を目指すことで

●高校生のフツー

　日・米・中・韓それぞれの高校生を対象に、「偉くなりたいか」と質問したところ、「強くそう思う」と答えた割合は、中国が34％、韓国23％、アメリカ22％だが、日本はわずか8％。3国と比べて、日本の高校生は社会の厳しさに対する認識が甘いことが浮き彫りになった（日本青少年研究所「高校生の意欲に関する調査」06年）。大丈夫か、日本。

すので、そのためにはまず、なにが自分の欠点なのかを「知る」必要があります。しかし、知っただけでは欠点は直りません。だから、克服するために「行動」する。そのくり返しが、フツーをきわめていくための方法です。

　いまの会社には、終身雇用に期待しているサラリーマンがいます。しかし、期待しつつ、なにもしていない。それは、なにをすべきか「知らない」か、知っているけど「行動していない」ということです。

　あるいは、まちがったとり組みにいそしむ人もいます。まちがったとり組みとは、無意味に労働時間を短縮してみたり、給料明細をみて妥協することです。また、非凡さに自分の価値をみいだそうとすることです。これは、本当にすべきことを「知らない」から、行動をまちがうということです。

　ところで、みなさんは自分が「フツー」だといいきれるでしょうか。

まわりから「フツーだね」といわれることはあるでしょうか。

いえない、いわれないというのであれば、どこかにフツーじゃない部分があるということです。それでは異常は世界を生き抜いていくことはできません。

●新人のフツー

　新入社員に対し、仕事の能力に関して今後どんな点を伸ばしたいかきいた調査によると、もっとも多かったのが「自社の製品知識や職種ごとに必要な専門知識」で38%、(社会経済生産性本部)。自社や自社製品に対する関心や愛は、サラリーマンとしてきわめて基本的な労働のモチベーションといえるが、さて、あなたはどれくらい自分の会社を愛しているだろうか。

chapter 2

家族

FAMILY

フツーがゆがむメカニズム

世間は思うほど晩婚ではない

一郎くんはいま、30歳です。独身で、彼女はいません。

しかし、とくにあせりはありません。晩婚の時代ですから、そこまで焦る必要性を感じないためです。実際、5歳上の先輩社員も独身ですし、ぐるりとみわたせば、同年代の独身女性もたくさんいます。

「40歳くらいまで独身でも、フツーだろう」

そういう感覚が、いまの30歳にとってフツーだと思っています。

しかし、データはそうは示しません。

07年時点の全国の平均初婚年齢は、夫が30・1歳、妻が28・3歳（厚生労働省「人口動態統計」）。地域差はありますが、東京都でも夫が31・5歳、妻が29・5歳（東京都「東京都人口動態統計年報」）。

10年前と比べれば、男女ともに1歳ちょっと遅くなっていますから、晩婚化の傾向があることはまちがいありません。しかし、決して、世間に40歳前後の独身男女が急増しているわけではありませんし、それがフツーというわけでもない。平均値をフツーととらえるのであれば、一郎くんはいま、愛する彼女と、結婚の秒読み段階にいなければならないのです。

結婚相手との出会いのきっかけTOP5

1位	友人・兄弟・姉妹を通じて	30.9%
2位	職場や仕事で	29.9%
3位	学校で	11.1%
4位	サークル・クラブ・習い事で	5.2%
5位	街なかや旅先で	4.5%

※恋愛結婚の場合。
国立社会保障・人口問題研究所「第13回出生動向基本調査」2006

「忙しい」
「出会いがない」
「いい相手がいない」

など、未婚の人はさまざまな理由を挙げます。一郎くんも、これらが、自分が独身である理由だと考えています。

しかし、世間をみわたせば、大半の人は、そういう現状があるなかでも、しっかり（ちゃっかり）結婚相手を探し、身を固める方向で動いています。それが、結婚のフツーであり、一郎くんのフツーは、少しゆがんでいるわけです。

なぜ、ゆがんだのか。

なぜ、「40歳くらいまで独身でもフツー」だと思ってしまったのか。

原因は、一郎くんがフツーを考えるうえで参考にする「社会」の範囲が狭かったため。井のなかの蛙《かわず》で、大海がどうなっているのか知らなかったためです。

フツーというのは、自分ではなく、世間が決めるものです。時代ごとに、世間が、

「だいたいこれくらい、こういう考え方、こういう行動がフツーだろう」

と、その範囲を決める。そういうメカニズムです。

しかし、一郎くんは自分が活動している「社会」だけを参考にしてしまった。身のまわりにいる同僚や友人をみて、それを「社会」として区切り、そこでフツーを定義してしま

●お見合のフツー

戦後圧倒的に多かったお見合い結婚は、ご存じのとおり年々次第に減少。1960年代後半には恋愛結婚が逆転し、現在では恋愛結婚87・2%、見合い結婚6・4%となっている（国立社会保障・人口問題研究所「第13回出生動向基本調査」2006）。婚活ブームでもお見合い結婚はまだまだ少ないようだ。

った。ここに問題があります。

「社会」というのは、一郎くんが身のまわりの数人で区切ったように、自分で範囲を設定できます。一方、「世間」というのは、あらゆる人が設定する「社会」の複合体ですから、社会よりも規模が大きい。周囲の仲良し5人が平和であれば、「社会平和」ですが、それがすなわち「世界平和」ではないように、あるいは、「社会人」ではあっても「世間知らず」の人がいるように、自分が活動している「社会」が、必ずしも「世間」と近い感覚を持っているとは限りません。

物書きには、世間知らずが多いとよくいわれます。なぜかといえば、家にこもって仕事をするため、世間との接点が少ないからです。編集者はたいてい、夜中の12時にでも平気で電話をかけてきますが、それをそのまま世間に持っていったら、まちがいなく、

「あの人はフツーじゃない」

といわれるはずです。

相撲界、政界、芸能界などに、

「あの人はフツーじゃない」

といわれる人が多いのも、「界」という限定された社会にどっぷりつかっているため、「界」の外にある世間との接点が少ないからでしょう。「界」のなかから問題を起こした人や逮捕者が出た場合にも、彼らが起こしたフツーでない行為について、

「社会に迷惑をかけました。ごめんなさい」

とはいいません。

「世間に迷惑をかけました。ごめんなさい」

といいます。フツーかどうかを問い、フツーかどうかを決めるのが、世間だからです。

ようするに、自分が活動している社会が狭いほど、また、活動している社会とその外にあるほかの社会との壁が高いほど、フツーの感覚がゆがむ可能性が大きくなる。そこで、

「これがフツーだろう」

と思いこんでしまうから、一郎くんのようなフツーのゆがみが生じるわけです。

フツーをきわめていくうえでは、自分が活動している社会の大きさを見直しフツーの基準として参考にしている社会の質を見直してみなければなりません。少なくとも、

「これがフツーだ」

と決める前には、自分が生きている社会を、一度疑ってみたほうがいいでしょう。

サラリーマンは、電車に乗ったり、多くのお客や取引先と接しているという点で、世間と接しているわけですから、世間知らずになる可能性は少ないかもしれません。しかし、会社という特定の社会のなかで生きているのも事実です。

「うちの会社では、これがフツー」

と考えることもある。それが、フツーのゆがみを生む原因になるのです。

●結婚意識のフツー
「結婚することに多くの夢があるか」という問いに対し、「あると思う」と回答した人は66%。男女別では男性、既婚と未婚では既婚者のほうが、そう思う割合が高い。逆に、「結婚しなくても、豊かで満足のいく生活ができるか」という問いでは、「できると思う」が30%。男女・年齢層別にみると、若い女性にそう思う人が多い。20代女性の40%、30代女性の41%が、「できると思う」と回答した。ちなみに男性は、20~30代で35%である（内閣府「国民生活選好度調査」04年）。

立候補しなければ当選しない

一郎くんの「30歳独身・彼女なし」という現状について、もうひとつ重要なのは、女性の視点からみて、一郎くんが結婚相手の「候補」に含まれていないという可能性です。

たとえば、外食しようと考えたときに、ステーキにしようか、スキヤキにしようか迷うとします。寿司もいいな、と思うかもしれません。じつは、この時点で、すでに韓国料理や焼き鳥といったものが、候補からはずされているわけです。つまり、いくら韓国料理店や焼き鳥店が素材やサービスにこだわっていても、ステーキ、スキヤキ、寿司の3択で考えている人には関係ない。そういうお客を呼びこむのであれば、

「韓国料理もおいしいですよ」

「焼き鳥もおいしいですよ」

というアピールをしなければなりません。少なくとも、

「うちも営業してますよ」

と、立候補して、存在を知らせることができなければ、お客はやってきません。

これと同じで、一郎くんもおそらく、女性の結婚相手の候補に入っていません。なぜ候補に入らないかといえば、

●ゴールインのフツー

結婚相手とはいつ出会うのか。恋愛結婚の場合、相手と出会った平均年齢は夫24・6歳、妻23歳。4・1年の平均交際期間を経てゴールインする。夫婦の平均年齢差は1・5歳（国立社会保障・人口問題研究所「第13回出生動向基本調査」2006）。

「40歳くらいまで独身でも、フツーだろう」

と考えているため。そこに立候補の意思が感じられないからです。意思を「持っている」かどうかではありません。相手が「感じられる」かどうかです。

やる気がない人にやれといっても、しょうがない。消極的な人を積極的に変えるのは、周囲の働きかけではなく、本人の気づきです。女性が眼中に入れるのは、

「オレは結婚に前向きだ。結婚したいんだ」という意思が感じられる人だけ。だから女性は一郎くんを候補に入れないのです。

もちろん、一郎くんがいくら洋服に気をつかっても、車を買い替えても、そういう小手先の工夫では、アピールになりません。「モテる」ということと、「結婚する」ということとは、本質的にちがうからです。

たとえば、合コンに熱心な人がいます。一見、結婚に積極的なようにみえます。

しかし、結婚という目的があり、そのための手段が合コンであるなら、結婚につながっていく可能性が高くなりますが、合コンを楽しむことが目的であれば、結婚できる可能性は低くなる。結婚すれば、当然、合コンはできなくなりますし、合コン続けたいのであれば、結婚してはいけないからです。

あるいは、彼女をよろこばせるために、食事やプレゼントなどにたくさんお金を使う人がいます。彼も一見、彼女を射止めて、結婚しようとしているようにみえます。しかし、

●結婚費用のフツー

結納、婚約から新婚旅行までを含む、2008年の平均結婚費用は421万円。一方、披露宴などの来客からもらうご祝儀額は、全国平均で224万円である。つまり197万円が結婚する当事者の持ち出しということになる。ただし、実情をみると、親からの資金援助を受けているケースが多く、平均は199万円。持ち出し額と同等の金額を援助してもらっているのが実情のようだ（結婚情報誌「ゼクシィ」[リクルート発行] 調べ）。

●未婚理由のフツー
18歳〜34歳の独身男女を対象にした調査では、男性87％、女性90％が「いずれ結婚するつもり」と答えている。ではなぜ結婚しないのか。結婚しない・できない理由については男女とも「適当な相手にめぐり会わない」がトップだ（国立社会保障・人口問題研究所「第13回出生動向基本調査」2006）。

結婚するためにはお金が必要ですから、結婚を目的とするのであれば、食事代やプレゼント代を結婚資金として貯めておいたほうがいいようにもみえる。

つまり目的と手段です。

結婚がしたいのか、合コンがしたいのか。

結婚がしたいのか、デートを楽しみたいのか。

結婚がしたいのか、モテたいのか。

目的と手段が明確でなければ、体力、時間、お金といった限りある資源をムダ遣いすることになります。「モテる」ための努力や工夫も、結婚につながらないのです。

一郎くんがなにをしなければならないかといえば、「40歳くらいまで独身」が、フツーではないと気がつくことです。世間のフツーを踏まえ、フツーと向き合うこと。そこでようやく、結婚するという目的が明確になり、

「オレも候補者リストに入れてよ」

「オレも結婚する意思があるよ」

というアピールになるわけです。

残念ながら、一郎くんはまだそこに気がついていません。そして、さらに残念なことに、

「40歳くらいまで独身でも、フツーだろう」

というゆがみが、人生を悪い方向に導くことになります。

さて、はたしてこのゆがみは、一郎くんの人生にどう影響していくのでしょうか。

子ども

高齢出産はあたり前ではない

いまのところ結婚の「け」の字もみえない一郎くんですが、じつは、

「子どもは、いずれほしい」

と思っています。この願望は実現するのでしょうか。

たとえば、これから彼女を見つけ、4年くらい愛をはぐくむとします（平均交際期間は、恋愛結婚の場合で4・1年／人口問題研究所「第13回出生動向基本調査」05年）。結婚して、1年くらい新婚気分を楽しんだところで、「さて、そろそろ子どもでもつくろうか」となる。10月10日《とつきとおか》たって、子どもが生まれる。

この時点で、一郎くんは35歳です。彼女をすぐに射止められなかったり、子どもがすぐにできなかったりすれば、40歳前後になるでしょう。データによれば、夫婦の年齢差は1・8歳くらいですから、子どもを持つときに、妻の年齢も35歳をすぎるかもしれません。高齢出産です。

そこで、一郎くんはこう思います。

「いまどき、高齢出産は珍しくない」

●高齢出産のフツー

母親の第一子出生数をみると、20代の出生数の低下傾向が続いている一方で、30〜34歳の出生数は緩やかに増加。出産に伴うリスクが高くなるといわれる高齢初産年齢（35歳以上）もわずかに上昇している。全体に占める高齢初産の割合は、70年の2％から04年までに9％まで上昇した。

●出産年齢のフツー
出産パターンは、結婚後1～2年で第一子を出生し、第二子、第三子をその後2～3年間隔で生むケースが多いが、高齢出産の場合には出産間隔が短くなり、38歳くらいで頭打ちとなる傾向がみられる（内閣府「平成17年版国民生活白書」）。

生涯未婚率

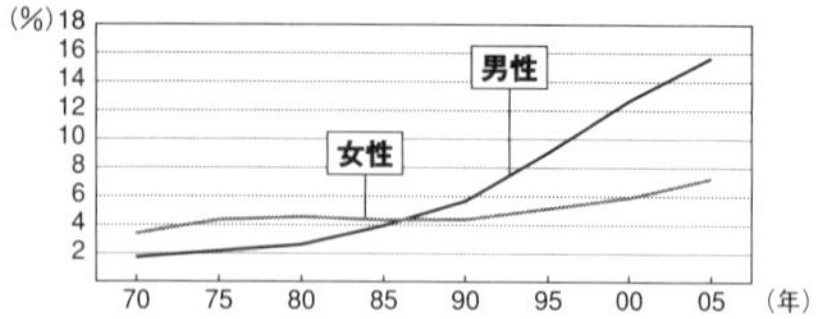

総務省「国勢調査」

こう考えることでまた少し、一郎くんのフツーがゆがみます。

たしかに、医療の進歩により、昔よりは高齢出産のリスクが小さくなったといわれます。初産の高齢化もすすんでおり、07年に第一子を生んだ母親の年齢でみると、25～29歳が35％、30～34歳が32％と、近接するようになりました。平均年齢でみても、30年前に比べて、3歳ほど高くなっています。

しかし、初産の平均年齢が高くなったとはいえ、30歳前後です。07年には、約52万人の第一子が生まれましたが、このうち、母親が35歳以上で生んだ子どもは6・8万人。全体のわずか8％です（厚生労働省「平成19年人口動態統計」）。出産年齢が高齢化していることはまちがいありませんが、高齢出産がフツーというわけではないのです。

ならば、一郎くんはこんなことを考えます。

「若い子と結婚すればいいじゃないか」

すると、一郎くんのフツーがさらにおかしくなっていきます。というのも、百歩ゆずって、若い子が一郎くんのような30すぎのオジさんに興味を持ったとしても、結婚相手を若い子に限定していくことで、一郎くんが結婚する可能性が小さくなっていくからです。

データによれば、30～34歳男性の未婚率は、47％です（総務省「国勢調査」05年）。したがって、一郎くんの「30歳独身・彼女なし」という現状は、とくに珍しいというわけではありません。

ただし、一方では、ここ数年で生涯未婚率（50歳時点で一度も結婚をしたことのない人の割合）が増えていることも事実です。

男性の生涯未婚率は、1975年くらいまでは2%前後でした。しかし、95年には9%に増え、05年には15%にまで増えました。つまり100人に15人は、結婚できない。

「若い子と結婚すればいいじゃないか」と、現状を甘く見ているうちに、気づけば生涯未婚という人生に行きつくことも、おおいにありうるのです。

子なし婚という選択肢

子どもを持つことよりも、結婚することのほうが先。そういうあたり前のことに気がついた一郎くんは、ふと、こんなことを思います。

「結婚はする。でも、子どもはあきらめてもいい」

つまり「子なし婚」という選択肢です。いよいよ一郎くんのフツーがおかしくなってきました。

彼がそう考えた根拠は、「女性の収入」にあります。つまり女性が出産や子育てのために会社を辞めるよりも、ずっと働いてもらったほうが、経済的に豊かになるだろうという考えかた。まわりにいる子なし婚の夫婦をみると、夫婦2人で仲良く、裕福に暮らしている

●子を持つフツー
「子どもを持つことで、豊かな人生を送ることができるか」という問いに対して、「できると思う」と答えた人は66％。01年の調査時から8％増えた。未婚・既婚にわけると、既婚者のほうにそう思う傾向が強い（内閣府「国民生活選好度調査」04年）。

ようにみえます。

　世帯収入という点でみれば、一郎くんが目をつけた通り、妻が出産や子育てのために退職するよりも、働き続けたほうが、世帯収入は増えます。これはまちがいありません。大卒の妻（となる女性）が定年まで働くと、生涯所得は2億円以上になるでしょう（もっとも、実際に50歳以上の大卒女性で、新卒時に就職した企業で働き続けている人は１・６％しかいませんが）。

　では、出産して退職すると、妻の生涯所得はどれくらい減るのか。

たとえば、大卒の妻が、28歳でひとりめ、31歳でふたりめを生むとしましょう。

それぞれの出産時に、一時的に休職（育児休暇制度を利用）します。その後、ふたたび同じ会社に復帰して、定年まで勤めるとします。この場合に生じる妻の生涯所得のマイナスは、約２０００万円。それほど大きな損失ではありません。

　では、28歳でひとりめを生むために退職し、ふたりめを生んだ1年後（32歳）に、別の企業に再就職した場合はどうか。この場合、再就職した会社で退職金をもらうまで勤めたとして、マイナスは、約６０００万円です。

　もっとも一般的なのは、出産後に再就職することなく、家事と子育てをしながら、たまにパートやアルバイトをする妻でしょう。では、28歳で退職し、ふたりめを生んで1年後にパートやアルバイトを始めたらどうなるか。この場合、60歳までパートやアルバイトを

理想の子ども数を持たない理由TOP5

1位	子育てや教育にお金がかかりすぎるから	65.9%
2位	高年齢で生むのはいやだから	38.0%
3位	これ以上、育児の心理的、肉体的負担に耐えられないから	21.6%
4位	自分の仕事（勤めや家業）に差し支えるから	17.5%
5位	健康上の理由から	16.9%

国立社会保障・人口問題研究所「第13回出生動向基本調査」2006

続けたとしても、妻の生涯所得は、28歳までの所得も含めて、5000万円に届きません（参考：内閣府「平成17年版国民生活白書」）。

ようするに、お金という点だけでみれば、子どもを持つか、最大約2億円（出産後にパートで働いてもらった場合は1・5億円）をとるか、われわれはそういう選択をするということです。

2億円は、それなりに使いがいがあります。当然、豊かな生活が期待できます。

一方、子どもを持てば、子どもを持つことによる満足感、育てることによる充実感、将来、自分が老いた場合に、世話をしてくれる（かもしれない）という安心感など、そういったことが期待できます。それはそれで、豊かです。

さて、みなさんはどちらの選択のほうが豊かだと思うでしょう。

世間の妻がどう考えているのかといえば、71%の妻が「結婚したら子どもを持つべき」と考えています。つまり、子どもを持ったほうが豊かになるだろうという考えです。子どもを持つことには、2億円以上の価値があるという判断ともいえます。それが、妻のフツーだということです。

一方、一郎くんは、子なし婚のほうが豊かになるのではないかと考えています。思想や人生設計はそれぞれの問題ですから、それがまちがいというわけではありません。しかし、妻のフツーとはズレている。

多くの妻が、子どもを持つのが望ましいと考えているのであれば、

「オレ、結婚する気はある。でも、子なし婚にしようと思う」

という一郎くんのプロポーズは、そういう女性からみて的はずれとなる可能性が高い。結婚前から子なし婚をみすえている一郎くんは、「結婚したい」と望むその裏で、結婚できる可能性を小さくしているともいえます。また一歩、生涯未婚という道に近づいたともいえます。

なぜこうなってしまうのかといえば、もとをたどれば、

「40歳くらいまで独身でも、フツーだろう」

と思っているところに起因します。年をとり、子どもを持つ現実味が薄れていくなかで、「子なし婚」という選択肢に目が向いてしまった。結婚観のフツーのゆがみが、子を持つうえでのフツー、夫婦になるうえでのフツーに連鎖し、ゆがみそのものが大きくなっているわけです。

「できちゃった婚」はゆがみの終着駅

フツーのゆがみの連鎖は、まだ止まりません。

フツーに結婚し、フツーに子どもを持つのであれば、「30歳独身・彼女なし」の一郎くん

にのこされている時間は、決して十分とはいえません。

そこで、こんな方法を思いつきます。

「オレ、『できちゃった婚』でいいや」

ここが、おそらくゆがみの終着駅です。

たしかに、できちゃった婚は、増えています。古くは木村拓哉や安室奈美恵から、最近ではダルビッシュ有やリア・ディゾンまで、ときのスターと呼ばれる人たちが、次々とできちゃったことを発表しています。

しかし、彼らはスターであり、そもそもがフツーの人ではありません。

「オレ、『できちゃった婚』でいいや。ダルも『でき婚』だったし」

と、オレとダルを並列で考えることじたいが、フツーではありません。

また、世間でみても、「できちゃった婚」が多いのは、じつは若い世代だけです。10代で8割、20代前半では6割におよびますが、30代では1割ほど。20年前からほぼ横ばいで、できちゃった婚が急増しているわけではありません。

「オレ、『できちゃった婚』でいいや。世間でも増えてるし」

という考え方は、20代前半までの発想であり、一郎くんのような30歳をすぎた大人にとっては、フツーではないということです。

もっとも、いまどきは、「結婚前でも性交渉を持ってかまわない」と考える人がほとんど

●同棲のフツー

結婚前の同棲について、「しても良い」と考えている人は、10~30代までで過半数を超えている。具体的には、10代で62%、20代で65%、30代で55%。また、独身の時に子どもができた場合については、「結婚したほうが良い」と考える人が、男性で65%、女性で56%といずれも過半数を超えている（内閣府「国民生活選好度調査」04年）。同棲を容認する先進的な部分と、子どもができた場合には結婚を考える保守体な部分とのバランスが、結果として「できちゃった婚」が増える背景となっているのかもしれない。

（約8割）ですから、カップルになれば、「できちゃった」になる可能性はあります。

重要なのは、この可能性をどうコントロールするか。

子どもとは本来、つくろうと思ってつくるものであり、できちゃったから生むものではありません。だから、家族「計画」といいます。

一方、「できちゃった」という言葉には、言葉そのものに「失敗」の意味を含みます。「できちゃった婚」とは、「出しちゃった婚」であり、「出されちゃった婚」であるともいえます。ようするに、「できないようにする」という予防意識の低さが、計画性のなさであり、だらしなさであり、そういう姿勢に、世間の大人が眉をひそめるのです。

「40歳くらいまで独身でも、フツーだろう」

すべてのゆがみは、そう考えることから始まります。フツーをとり戻すためには、連鎖を止めなければなりません。ゆがみをみつけて、修正しなければなりません。一郎くんは、自分のフツーを疑うことをしないから、坂道を転げ落ちるように、ゆがみの終着駅までいってしまうのです。

●でき婚のフツー

できちゃったらどうするか。「独身の時に子どもができたら結婚したほうがよいか」という問いに、25歳〜34歳の男性6割以上が「そう思う」と答えている。対して「そう思う」と答えた女性は25歳〜29歳で57・8％、30歳〜34歳では過半数を割る44・8％。全年齢でみても、子どもができたときに結婚を迷うのは女性側のようだ（内閣府「国民生活選好度調査」2005）。

親

口を出し手を貸す

一郎くんは、名前が示している通り、長男です。「30歳独身・彼女なし」という現状をな

●介護認定のフツー

要介護認定は、生活における介助の必要性が基準になる。生活とは、入浴、排せつ、食事の介護、洗濯や掃除の家事援助などが含まれる。また、認定のレベル（支援、介護1～5）は、以上のことに必要となる介護の手間の時間が目安となる。

要支援	25～32分
要介護1	32～50分
要介護2	50～70分
要介護3	70～90分
要介護4	90～110分
要介護5	110分～

んとかする必要がある一方、長男としての役割というのも担っています。

一般に、長男には、「親の世話をする」という「長男のフツー」があります。現在、日本の男性の75％ほどが長男だそうですから（ひとりっ子の男も長男であり、第一子でも上が姉の場合は長男）、大勢の男子が、「親の世話をする」というテーマを持っています。

「長男はしっかり者、二男、三男はちゃらんぽらん」

という論にうなずいてしまうのも、すべての兄弟がそうとは限りませんが、おそらく、長男のフツーが、長男の意識や行動に反映されているためでしょう。

親の世話をするためには、たとえば、親の老後の生活費を支えていくことを考える必要があるかもしれません。あるいは、親が日常生活で支援や介護が必要な状態になれば、そのための支出を負担する必要があるかもしれません。

支援や介護にかかる費用は、介護保険に加入しているなどの条件を満たしていれば、9割を保険制度が負担してくれます。当事者（介護を受ける人）の負担は1割です。

ただし、これを受けるためには、市区町村（や代行事業者）の要支援・要介護認定が必要。さて、親に支援や介護が必要かどうかを見極めるのは、誰の役目でしょうか。

「もしかしたらボケてきたのかな」

と気づくのは誰か。支援や介護が必要な場合に、認定を受けるようすすめたり、代わりに認定を申請するのは、誰か。

はい、これはおもに長男の役目です。

支援や介護の認定には段階があり、それぞれに、支援・介護サービスのための支給限度額があります。たとえば、要介護１の場合は、月あたり約16万５８００円。自己負担額は１万６５８０円ですが、支給額を超えた分は、全額自己負担です。かりに親がこの費用を捻出できない場合、代わりに支出するのは誰か。兄弟姉妹がいる場合に、負担割合を考え、決めるのは誰か。

はい、これもおもに長男の役目です。

長男のフツーとは、こういう責任をまとめて引き受けるということです。

では、具体的になにから始めたらいいのでしょうか。

まずは、親の健康状態を管理する必要があるでしょう。管理とはつまり、口を出し、手を貸すということです。ボケないように話し相手をしたり、日常生活に苦労がないか、確認する必要があるかもしれません。

金銭的準備としては、自身がある程度の貯蓄を持っておくだけでなく、親への経済援助として、仕送りをするとか、親が振り込め詐欺にひっかからないよう、やはり口を出し、手を貸すことも必要です。

東京都の調査によると、29歳までで親に仕送りをしている人は46%。まったくわたしていない人が47%ですので、２人に１人です。ただし、この調査には高校生と大学生も含ま

●家族のフツー

「家族」という範囲には、親族のどこまでが含まれるのか。調査によると、同居している家族については、「配偶者」「子ども」「親」を家族ととらえる人が70%以上だが、「孫」は54%、「祖父母」は49%、「兄弟姉妹」は42%に減る。その「家族」と過ごす時間については、82%が「十分な時間がとれている」「まあとれている」と回答。家族と過ごす時間が十分でないと感じている男性は、30代で32%、40代で35%である（内閣府「国民生活白書」07年）。

郵便はがき

恐縮ですが
切手をお貼り
下さい

102-0074

東京都千代田区九段南
四—七—十
九段藤山ビル

WAVE出版
行

このたびは本書をご購読いただきありがとうございます。

今後の企画の参考にさせていただきますので、ご記入のうえ、ご返送下さい。

お送りいただいた方の中から抽選で図書カードを差しあげます。

ふりがな お名前	年齢 歳	性別 男・女
ご住所　〒　　☎（　　） Email：		
ご職業	本書をお求めの書店 市町 村区 書店	

購入申込書　小社の書籍はお近くの書店でお求めいただけます。

直接ご注文の場合はこのハガキにご記入下さい。

郵便振替用紙をお送りしますので到着次第お振込下さい。ご入金確認後、書籍を発送いたします（送料はご負担いただきます）。

書　名	部　数
	冊
	冊

◆ご意見をお聞かせください。　　愛読者カード

▶ご購入いただいた本のタイトルは？　　年　月　日

（　　　　　　　　　　　　　　　　）

▶装　丁　　□良　い　□ふつう　□悪い
▶定　価　　□安　い　□ふつう　□高い

▶本書は何を見てお知りになりましたか？
□書店で見て　□知人のすすめ　□（　　　）新聞を見て
□雑誌（　　　　　）を見て　□その他（　　　　）

▶お求めの動機は？
□目次・内容を見て　□著　者　□タイトル　□装　丁
□その他（　　　　　　　　　　　　　）

▶本書のご感想、ご意見、ご質問は？

▶最近お読みになった本で面白かった本は？
（　　　　　　　　　　　　　　　　）

▶定期的にご購読されている新聞・雑誌は？
新聞名（　　　　　　）　雑誌名（　　　　　）

▶最近関心をもっていること、お読みになりたい本は？

▶小社からのご案内をお送りしています。
希望する　・　希望しない
Eメールアドレス（　　　　　　　　　　　　）

れていますから、社会人であれば、むしろ仕送りするのがフツーということもできます。
人が老いるのはフツーであり、老いれば助けが必要になるのもフツーのことです。その世話役を長男が担うというのも、フツーのことなのです。

親

世の妻は思っているよりもやさしい

親に収入がなくなった場合には、日常生活の経済的な支援を含め、「同居」を考える必要があるかもしれません。

実際に親子二世帯で同居している人をみると、同居のきっかけについて、「親が望んだから」という子世帯は46％、「子世帯が望んだから」という親世帯は63％。親世帯よりも子世帯のほうが、同居に積極的だということです。

なぜ子世帯は親と同居したいのか。

理由のひとつとして、経済的なメリットがあげられます。とくに昨今は、世話をしてもらうことを前提に、二世帯住宅を建てようと考えている親も増えています。子どもからしてみれば、親の世話をするという責任が生じますが、家を建ててもらう（あるいは、建てるお金を援助してもらえる）というメリットは小さくありません。

あるいは、「同居があたり前」という意識も、「昔ながら」かもしれませんが、根強いと

●老後のフツー
自分や配偶者の親の世話に積極的な子世帯だが、一方で、将来、自分自身が介護を必要とする状態になった場合に、「在宅で子どもの世話を受けたい」と考える人は18％にすぎない。また「在宅で福祉サービスを利用したい」は41％、「施設に入居したい」は38％。自分の親はともかく、自分は子どもの世話になりたくないと考える人が多い（へーベルハウス「二世帯同居の意識変化調査」）。さて、あなたは「子どもの世話にはならない」といえるだろうか。

いえるでしょう。実際に同居している世帯のうち、子世帯の14％、親世帯の23％が、「親世帯と子世帯が同居するのは当然」という意識を持っています。

しかし、じつはそれよりもはるかに大きな理由があります。

調査によれば、子世帯が同居を望んだ理由の上位に入っているのが、親の「話し相手になる」「身のまわりの世話をする」「看病・介護をする」といった項目。金銭的なメリットはさておき、

「親の世話をしたい」

という純粋なやさしさから、同居を望んでいるということです。日本はまだまだ捨てたものではありません。

もっとも、自分の親であれば、自分が世話をするのはフツーのことです。むしろ重要なのは、妻、つまり義理の親の世話をすることになる人が同居をどう思うかです。

たとえば、独身女性が集うコミュニティサイトをのぞいてみると、

「結婚したい相手がいるけど、長男だからやめようと思っている」

「夫の親の世話はしたくない。だから次男がいい」

といった意見があります。

意地悪なことをいえば、そういうことをいっているから、いつまでたっても結婚できないのかもしれませんが、さて、実態はどうなのか。

フツーの大人のライフプラン

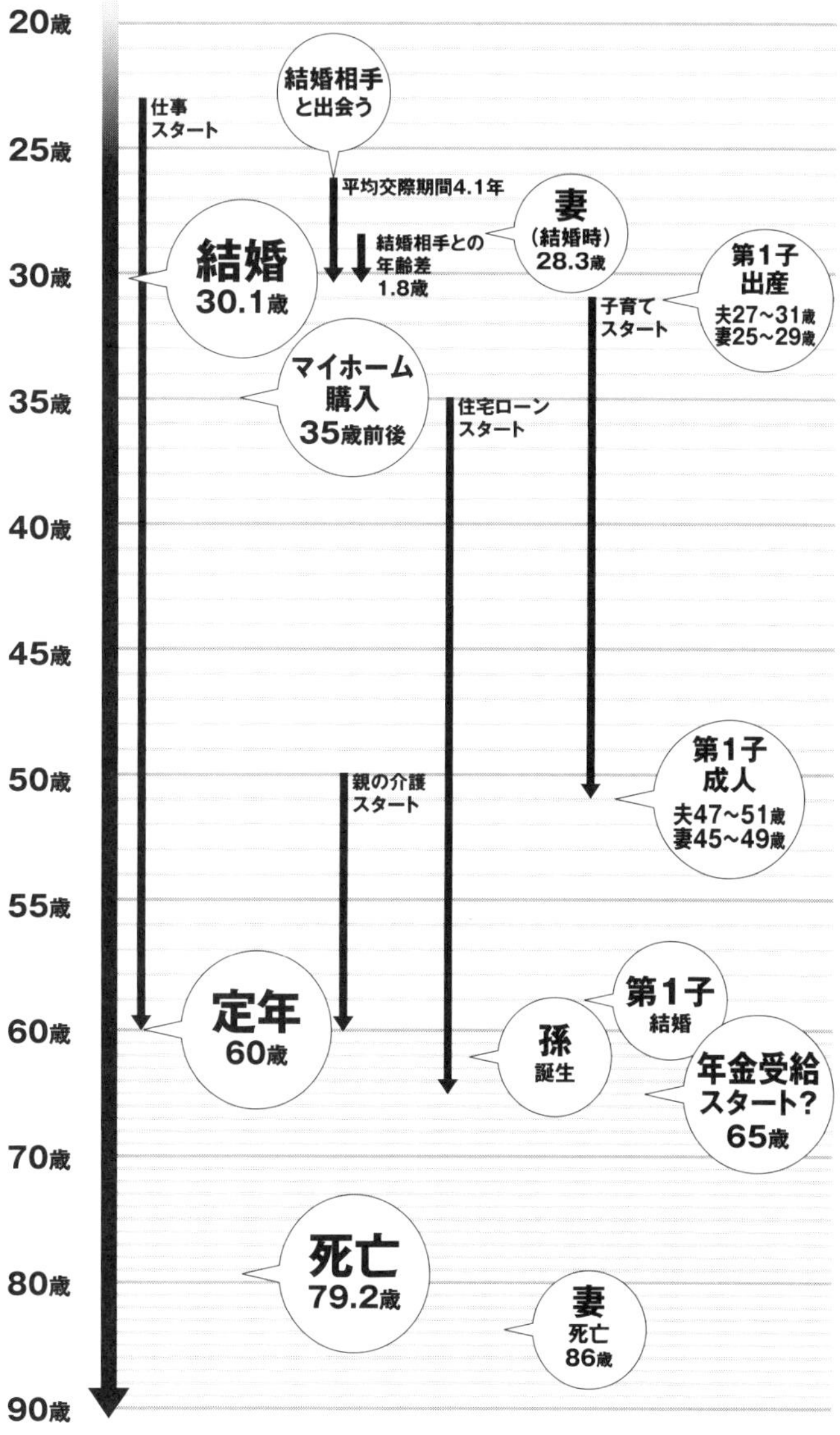
20歳
25歳
30歳
35歳
40歳
45歳
50歳
55歳
60歳
70歳
80歳
90歳
仕事
スタート
結婚相手
と出会う
平均交際期間4.1年
結婚相手との
年齢差
1.8歳
妻
（結婚時）
28.3歳
結婚
30.1歳
第1子
出産
夫27~31歳
妻25~29歳
子育て
スタート
マイホーム
購入
35歳前後
住宅ローン
スタート
第1子
成人
夫47~51歳
妻45~49歳
親の介護
スタート
定年
60歳
第1子
結婚
孫
誕生
年金受給
スタート？
65歳
死亡
79.2歳
妻
死亡
86歳

●共働きのフツー
夫婦2人の共働き世帯の場合、土日を含む週7日間における仕事時間（通勤を含む）は、夫が7時間54分、妻が5時間18分。夫婦それぞれの自由時間は、夫が4時間34分、妻が4時間21分。ただし、家事時間（買い物を含む）は、夫が25分であるのに対し、妻が3時間3分と、大幅に長い（総務省「平成18年社会生活基本調査」）。

1世帯あたりの人数

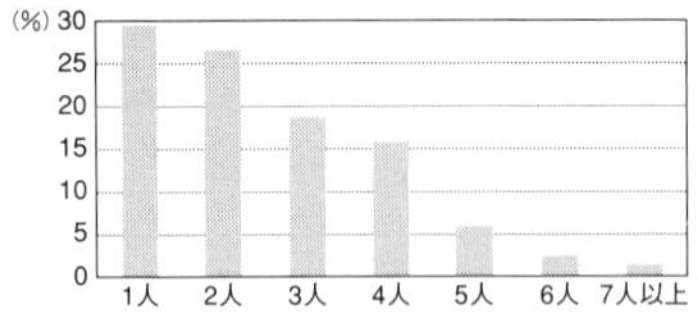

総務省「国勢調査」2005

じつは、妻の声にも、やさしさがあふれています。夫の親に対して、「話し相手になる」「身のまわりの世話をする」「看病・介護をする」という世話の3要素を担う意識は、彼女たちが自分の親に対してそう思う割合とほぼ同じです。

さて、ここであらためて、フツーが問われます。というのも、妻にこころよく親の世話をしてもらうためには、夫が夫としてフツーかどうかが問われるからです。

たとえば、

「オレは忙しい。だから、妻に任せておこう」

と考えていたのでは、妻がこころよく協力してくれるはずがありません。自分の都合を最優先する人に、他人を幸せにすることはできません。夫には、妻を幸せにする夫と、妻から幸せをうばう夫と、2種類います。

自分の親と妻との間に価値観のズレがあれば、その調整役を務めるのも夫の役目です。妻に努力してもらうのなら、夫だって努力しなければなりません。世間には、姑と妻との間で問題が起き、その際に夫が姑の味方をしてしまい、夫婦間に亀裂が入るというケースがよくあります。こういうマザコン的な行動指針になってしまうのも、夫が夫としてのフツーを踏まえていないことが原因ではないでしょうか。

また、世話をしてもらう側である親にも、世話になる親のフツーが問われます。とやかく口やかましい義母や、男児の誕生をせかす義父を、こころよく世話しようと思ってくれる聖人のような妻はいないからです。

フツーとは、2人以上の人が集まったときに求められる行動指針であり、二世帯の同居のように、人数が増えるほど重要になっていきます。

老いた親の世話をする。それに妻がこころよく協力する。

そういうなごやかな同居環境は、フツーという行動指針が正しく構築されており、世話する側とされる側の両方がそれに準じるからこそ、実現するのです。

●妻の自由時間のフツー
末子が3歳未満の共働き世帯の場合、妻の自由時間は、2時間17分。これが、末子が15～17歳の世帯になると、4時間2分に増える。子どもが手離れすることにより、育児に費やす時間が少なくなるのが理由である（総務省「平成18年社会生活基本調査」）。

家族

インプットとしてのフツー

フツーとは、前述のとおり、2人以上が集まった場合に求められます。

たとえば、恋愛においては、彼氏と彼女がそれぞれフツーだと思うことを持ち寄り、2人にとってのフツーを考えます。2人であれば、「社会」が小さいわけですから、フツーを共有するのはかんたんです。

しかし、前述の通り「社会」は「世間」ではありませんから、それが世間のフツーと比べて、大きくゆがんでいる可能性もあります。

かたよりの度合いを1から10までとして、フツーが5だとした場合に、真ん中である5の前後の価値観を持つ男女が組み合わされれば、フツーを踏まえたカップル、つまり常識的なカップルになるかもしれません。

しかし、1と1、あるいは10と10の価値観を持つ男女が組み合わさると、とんでもないカップルが生まれる。2人という小さな社会でしか通用しないフツーが、世間のフツーだと勘ちがいしてしまう。いわゆるバカップルというのは、こういうメカニズムから生まれているのではないでしょうか。バカップルに若い人が多いのも、彼らが活動している社会が単一であり、小さいからです。世間知らずであるから、そうなってしまう。若者はそれでしょうがないとしても、大人はそれではいけません。

当然、かたよった価値観の2人では、カップルにはなれても、結婚はむずかしい。

結婚が恋愛と異なるのは、彼氏と彼女、それぞれのうしろに、家族が存在しているからです。つまり、彼氏と彼女という2人以外に、フツーを共有する人数が増える。「社会」が大きくなる。恋愛関係を成立させるよりも、さらにフツーを知る必要があるわけです。

また、夫や、妻となる人だけでなく、それぞれの家族にも、フツーが求められます。

ならば、結婚相手に対しては、

「ウチの家族はフツーである」

というアピールも、必要になるでしょう。

かんたんにいえば、鬼ババアのような母親、酒乱の父親、借金まみれの兄弟姉妹といった家族を持つ場合には、必然的に結婚しづらくなるということです。

●しつけのフツー

昔と比べて、親が自分の子どもをきちんと「しつけ」できているかどうかという問いに対し、「できていない」と考えている人は53％。過半数を超えている。その理由としては、「親自身が基本的な生活習慣が身につけていない」（60％）、「親の責任感や心構えが弱い」（58％）など、親の未熟さを指摘する意見が多い。また、「祖父母世代からの知恵が伝承されていない」「家族が一緒に過ごす時間が少ない」「親の仕事が忙しすぎる」といった、核家族化や家族環境に原因があるという声も多いようだ（内閣府「国民生活選好度調査」06年）。

もっとも、恋愛当初から家族のことを気にする人はいません。入り口は個人のつき合いであり、家族という、個人のうしろにひかえている存在に目が向くのは、結婚ということを意識し始めてからです。

あるいは、恋愛とは一種の熱病ですから、つき合ってしばらくの間、熱にやられている間は、相手の家族がフツーかどうかなんていうことには目が向かないかもしれません。つまり、グラタンと同じ。熱すぎて味がよくわからないということです。

しかし、熱かったグラタンも、食べ始めて10分くらいたつと、味がわかるようになります。恋愛も、女性が適齢になったり、交際がしばらく続いて、少し冷めてくると、いよいよ重要な部分が問われるようになる。結婚相手の家族がフツーかどうか、問われる。そこでフツーだと判断されなければ、

「彼とは結婚したかったけど、彼の家族がフツーじゃないから、やめた」

ということになるかもしれません。結婚したいのであれば、はたして自分の家族がフツーなのか、判断できなければなりません。当然ながら、判断するためには、フツーがなんたるかをわかっていなければならない。だからフツーをきわめる必要があるのです。

さて、家族とはなんなのか。

フツーという点でみていくと、家族はおもに2つにわけられます。

ひとつは、「自分と親」という関係で成り立つ家族。出自としての家族であり、個々のフ

ツーの「インプット」に関わっている家族です。結婚する際には、ここで「インプット」されるフツーが問われます。

人は誰もが、生まれてこようと思って生まれたわけではありません。幼少期は、育てられようと思って育てられているわけでもありません。この受動的な一定期間に、人は親から、フツー（だと親が思っていること）をインプットされます。

たとえば、食事の前に「いただきます」と手を合わせる（あるいは、それをしない）、悪いことをしたらひっぱたかれる（あるいは、ひっぱたかれない）、食事どきにテレビを消す（あるいは、みる）といったものです。

これらは、親のフツーであり、「わが家のフツー」ですから、社会や世間や時代のフツーとは異なる場合もありますし、大きくズレている場合もあります。結婚相手が「家族をみる」というのは、この部分のフツーのゆがみをみるということです。

家庭

アウトプットとしてのフツー

出自としての家族に対し、もうひとつの家族は、「われわれと子ども」という関係で成り立つ家族。継承としての家族であり、「アウトプット」としての家族です。ここが問われるのは、おもに結婚後です。

●離婚意識のフツー
「離婚」に対して、「肯定する」と回答した人は41％。「否定する」と回答した46％を下まわっている（内閣府「国民生活選好度調査」04年）。「肯定する」人の割合は年々増加傾向にあるが、その要因として、「自分の生き方を大切にするようになったことの反映」という考えかたが影響。また、「子どもが犠牲になる可能性があり、望ましくない」と回答した人が、減少していることもあげられる。男女の比較では、男性は年齢層に関わらず「否定する」割合が多いが、女性は20～40歳代で「肯定する」人が「否定する」人の割合を上回っている。

人は、インプットされたフツーを、その後、自分なりにアレンジしながら生きています。年をとるにつれ、親からフツーをインプットされる立場から、アウトプットする立場に変わっていきます。

たとえば、親のフツーをインプットされるだけだった子ども時代の自分は、学校に通い始めることにより、家族以外の人の接点を持つようになる。すると、「わが家（つまり両親）のフツー」で純度１００％だったところに、学校のフツーを反映できるようになる。

さらに成長して、働き始めるようになると、より多くの人と接点を持つことで、社会や世間時代のフツーを参考にする。結婚相手と出会い、彼女のフツーともすり合わせをする。そのくり返しをへて、わが家のフツーを自分のフツーに再構築したところで、結婚して、子どもをつくる。そして、わが子にアウトプットする。

ようするに、フツーをきわめている人というのは、親からインプットされたフツーの質（しつけ、教育など）が良かったか、質はいまいちだったかもしれないけれども、自分なりに社会と世間と時代を参考にして、うまいことアレンジしてきたということです。だから、欠点なく、なにごともまんべんなくできる人になれた。そういう人が親になれば、当然、アウトプットするフツーの質も高くなる。

逆に、幼少期にインプットされたフツーが大きくゆがんでいたり、その後、社会に出てから自分なりにアレンジできなければ、彼らが親になった場合に、アウトプットするフツーの質も悪くなります。かんたんにいえば、「モンスターペアレンツ」になるわけです。

一郎くんが、その典型です。

彼のように、

「40歳くらいまで独身でもフツーだろう」

と考える人のゆがみが、

「できちゃった婚でもいいや」

というレベルにまで連鎖してしまうと、子どもに対して、

「結婚が先。子どもはあと」

という、きわめてフツーのことをアウトプットできなくなる。質の悪いアウトプットが、代を踏んで連鎖していく可能性が高くなるわけです。

会話はフツーのすり合わせ

では、われわれがつくるわが家のフツーは、どうやって構築されるのか。

結婚して、子どもを持つようになると、わが家のなかでは、夫、妻、子どもが、三者三様のフツーを持ち寄るようになります。夫は会社、妻は地域、子どもは学校というそれぞれの社会を持ちますから、それぞれが、それぞれの社会におけるフツーを参考にし、わが

家に持ち帰ってきます。

たとえば、妻は、

「近所の夫たちは、みな家事を手伝う」

という。一方で、子どもは、

「クラスメイトの半分以上が携帯を持っている」

という。それを聞いた夫は、

「同僚連中は家事をしない。小学生に携帯は必要ない」

という。

そこで議論が生まれ、父親と妻と子どものフツーのすり合わせが行なわれる。わが家のフツーが更新されることもあるでしょう。重要なのはこの「すり合わせ」で、夫、妻、子が、それぞれ異なる社会からフツーを持ち寄ることにあります。会社、地域、学校といったそれぞれの社会は、規模が小さく、かたよりがあります。しかし、種類が異なるから、すり合わせれば、結果として、社会の複合体である世間のフツーに近づく。わが家のフツーが世間のフツーとそこまでズレることなく、成立し、更新される。

「あの教師は腹が立つ。文句つけてやろう」

という親に対し、

「友だちの親はそんなことといわない」

●ケンカのフツー

・配偶者とのケンカの原因

1位「態度・価値観」
2位「子ども関係」
3位「家事関係」
4位「生活習慣関係」
5位「家計関係」

・仲直りの歩み寄り

夫から／64％
妻から／36％

（結婚情報センター調べ）

●離婚のフツー

厚生労働省調べによると、都道府県別の離婚率は、沖縄、北海道、大阪が高く、新潟、島根、富山など日本海側が低いという傾向がみられる。

離婚件数及び離婚率の年次推移

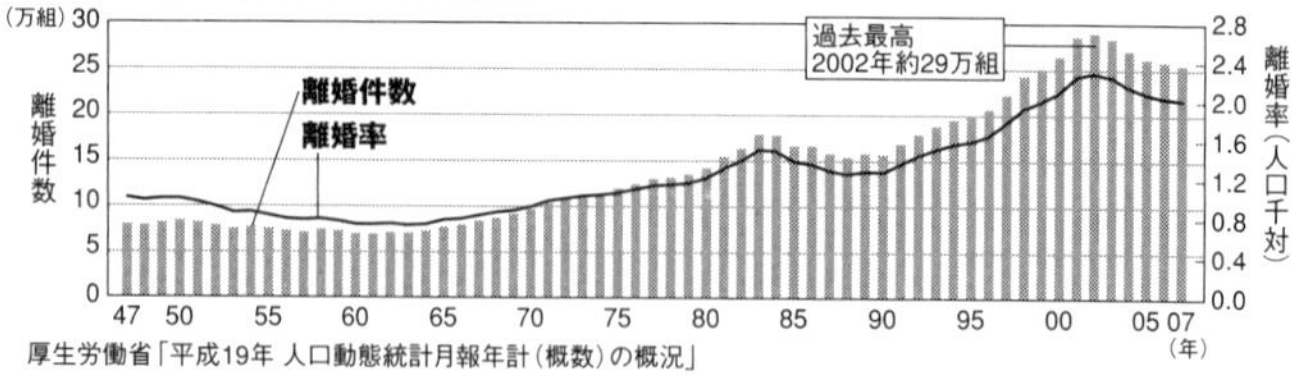

厚生労働省「平成19年 人口動態統計月報年計（概数）の概況」

と子どもがいえば、モンスターペアレンツは生まれません。

「会社勤めは面倒くさそうだから、家でデイトレする人になる」

という子どもに対して、

「そんな生き方をしていると損するぞ」

と親がいえば、ニートは生まれない。家族内で「すり合わせ」が行なわれていれば、おかしな人が出てきません。だから、家庭での会話が重要なのです。

夫婦に限っていえば、妻と夫がフツーをすり合わせなければ、離婚の原因になる。

現在、1年で約25万組が離婚（結婚は71万組）しています。その多くが「性格の不一致」が原因です。「性格の不一致」とは、夫と妻それぞれのフツーが一致しない（しなくなった）ということですから、すり合わせ作業をしていけば、不一致を一致させていくことができます。だから、夫婦の会話が重要なのです。

ちなみに、民間調査によると、「配偶者とケンカする頻度」は、「月1〜2回」（27％）、「年1〜2回」（25％）の順。ケンカはしないに越したことはありませんが、一方では、ケンカが起きるときが、フツーのすり合わせが必要なときとみることもできます。ここをうやむやにしてはいけません。フツーのズレをそのままにしておくから、離婚という最悪の結果につながっていくのです。

chapter 3

お金

MONEY

フツーな人ほど人生に迷わない

日射しが強ければ影は濃くなる

お金は、生きていくために必要なものです。重要かどうかは人によってちがいますが、必要であることはまちがいありません。

お金については、あらゆる人があらゆる哲学を持っています。流行《はや》りがあり、すたりもあります。

たとえば、08年からの不況に入るまでは、「投資」がひとつの流行でした。

株がいいという人がいて、外貨預金がいいという人がいました。デイトレで暮らしているという人が現れ、小学生の子どもに株式投資を教える親も現れ、お金に関する哲学が、お金のあつかいかただけでなく、生き方そのものにも強く影響するようになりました。

もっとも、不況が深刻化して多くの個人投資家が損をするようになると、結局は、

「普通預金で十分」

という選択肢が、じつは一番よかったようにもみえます。

あるいは、それがお金のフツーをきわめるうえでの基本中の基本といえるかもしれません。つまり流行りに流されない。右往左往しない。

年0・04%という金利では、１００万円預けても年４００円にしかなりませんが、お金

リスクのフツー（金融商品のリスクとリターン）

が生きていくために必要なものであることを踏まえれば、大前提として、「減らさない」「なくさない」ための方法を考えなければなりません。ふやすための努力よりも、まずは足元を固める努力のほうが先なのです。

　昨今の経済状況をみて、あらためて考えなければならないのが、われわれには、自分のお金を守る責任があるということです。流行り・すたりに動じない、強い家計をつくる。それが、フツーをきわめるということです。

　あたり前のことですが、投資において、リスクとリターンの大きさは同じです。得する可能性が大きいということは、損する可能性も同じだけ大きい。日射しが強い分だけ、影も濃くなる。ここだけおさえておけば、投資で生活が破綻することはないはずです。

　しかし、そこで、利息、配当、為替差益といった明るいほうだけをみてしまうから、家計の根本である「収入」「支出」「貯蓄」という3要素に暗い影がさしこんでいることに気がつかない。

　いまなお、

「外貨預金を始めるチャンスだ」

「株がいよいよ底値だ」

　と意気込む人がいます。しかし、それを「攻め」の姿勢だとすれば、「守り」のほうが優先です。

「ほしい。ふやしたい」
と考えるほど、家計にさしこむ影が濃くなる。影とはつまりリスクであり、影をかかえていては強い家計はつくれないのです。

家計

お金は正三角形で考える

生きていくために必要なお金である家計に注目してみると、これは、「収入」「支出」「貯蓄」の3要素で成り立っています。この3要素のバランスによって、豊かさが決まります。

三角形で考えてみるとわかりやすいでしょう。

たとえば、30代の平均値（一世帯あたり）でみると、年収は555万円。支出は月27万円。貯蓄は516万円。左辺を「収入」、右辺を「支出」、底辺を「貯蓄」とすると、30代の平均値でできる三角形は、左辺：555万円、右辺：支出27万円、底辺：貯蓄516万円です。

この三角形の面積が、豊かさです。

さて問題です。3辺の値が一定だった際に、最大限の面積（豊かさ）を得られるのはどんな三角形でしょうか。

算数が得意だった人にはかんたんな問題かもしれません。3辺の和（つまり収入、支出、

●評価のフツー
職場において「成果主義」的な賃金体系が採用されている割合は、「すべての社員・職員に採用されている」が21％、「一部の部署に採用されている（自分もそのなかに含まれる）」が9％、「一部の部署に採用されている（自分は含まれていない）」が11％。全体で40％となった（内閣府「国民生活選好度調査」06年）。しかし、能力が、必ずしも「秀でたなにか」を指すとは限らない。「普遍性」を問う場合も多い。

貯蓄の合計）が一定の三角形で、面積が最大になるのは「正三角形」です。

平均値でできる三角形を正三角形だとすると、たとえば、収入がそれよりも少なければ、面積は小さくなります。支出が多すぎる場合も、「収入－支出」が貯蓄ですので、底辺が小さくなり、やはり面積は小さくなる。ようするに、強い家計をつくることとは、正三角形（平均値でできる三角形）をつくるということ。まずは3辺のバランスを見直して、整えることが、フツーをきわめる、つまり欠点なく、なにごともまんべんなくできる人を目指すうえでの第一歩です。

ただし、サラリーマンの場合は、「収入」「支出」「貯蓄」のうち、「収入」はおそらく変えられないでしょう。これは年齢や勤続年数によって変わるものだからです。一方、「支出」や「貯蓄」は、自分の力で変えられます。つまり最大の面積（豊かさ）を得るために、一定である「収入」を、「支出」と「貯蓄」とにバランスよくふりわけ、正三角形をつくる力が求められるわけです。

「収入をふやそう」
「支出をおさえよう」
「貯蓄さえあればなんとかなる」

と、どれか1辺だけをみていても、面積（豊かさ）は最大になりません。三位一体で全体を考える。辺ではなく、面積を考えることが重要なのです。

●消費のフツー

単身世帯の消費支出は、平均約17万円。結婚するなどして世帯人数が増えると、2人の世帯で26万円、3人世帯で30万円、4人世帯で33万円と増える。1人あたりの消費支出で頭割りすると、単身世帯の消費支出は、4人世帯の場合の2倍以上になる。

●貯蓄のフツー
勤労者世帯の貯蓄は、世帯主のみが働いている世帯の黒字が月10万円であるのに対し、夫婦共働きの世帯の黒字は月16万円である（総務省「家計簿からみたファミリーライフ」）。

現状として、「収入」が少なく、三角形の面積が小さい人もいるでしょう。しかし、のこりの2辺をコントロールして、正三角形を作ることができれば、現状における最大限の面積（豊かさ）が得られます。その大きさは、収入がもう少し多く、しかし、いびつな三角形しかつくれない人の面積（豊かさ）をうわまわるでしょう。

「いわゆる金もうけの上手な人は、無一文になったときでも、自分自身という財産をまだ持っている」

とは、アランが書いた『幸福論』の一節です。

「自分自身」とはなにかといえば、最大限の面積（豊かさ）をつくる力ではないでしょうか。

豊かさへの影響は、

「収入が平均に届いていない」

という一辺の条件よりも、正三角形をつくる力のほうが大きいのです。

フツーをきわめるうえでは、この正三角形のバランスを、長期にわたって維持していく必要があります。とくに最近は、一時的にお金持ちになり、贅沢を享受している人を「セレブ」と呼んでもてはやします。しかし、厳密にいえば、そのたいはんは「成りあがり」であり、あるいは「バブル」であり、その感覚では、豊かさも一時的なものにとどまります。豊かさの本質は、安定感があり、バランスの良い、正三角形にあるからです。

「収入・支出・貯蓄」の理想バランス

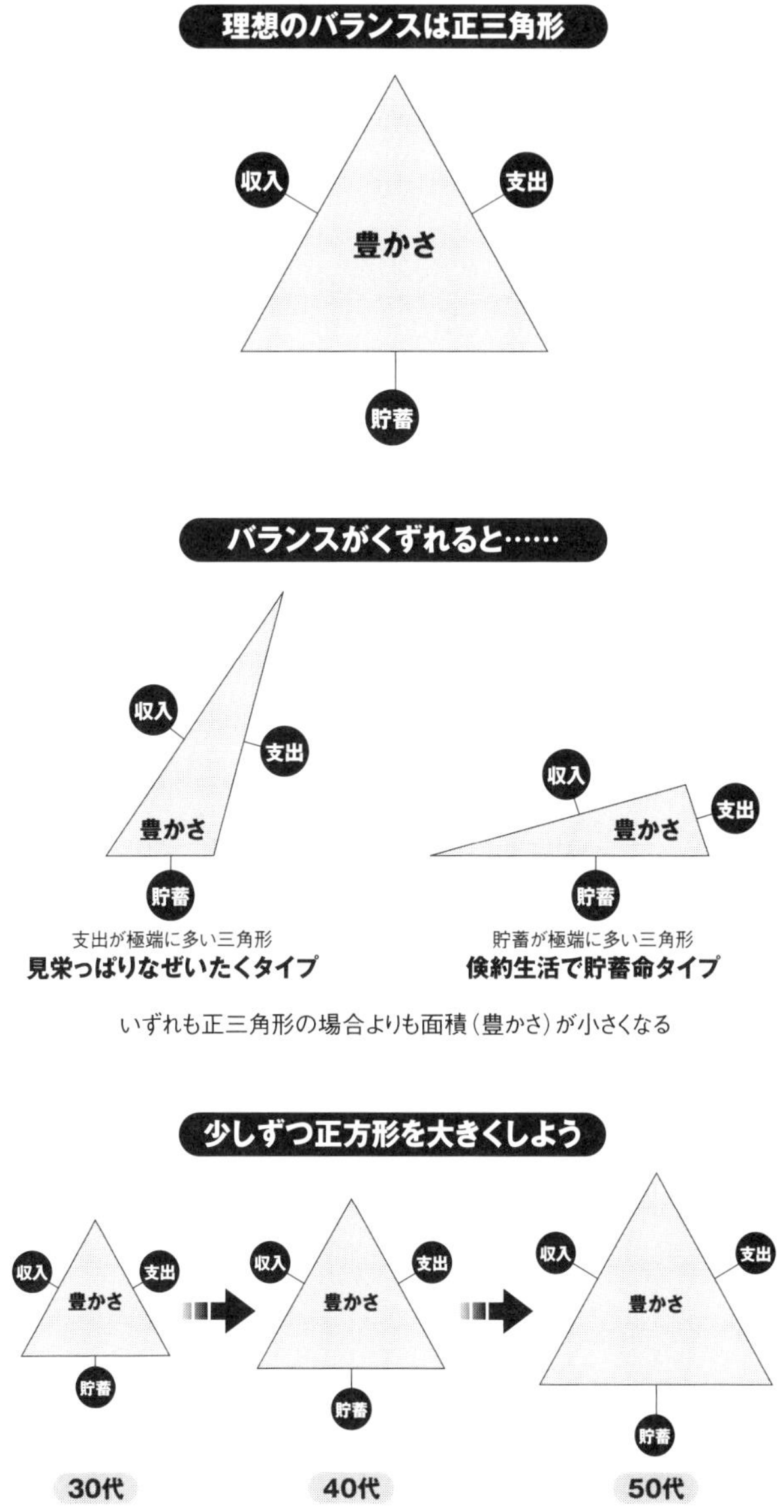
理想のバランスは正三角形
収入
支出
豊かさ
貯蓄
バランスがくずれると……
収入
支出
豊かさ
貯蓄
支出が極端に多い三角形
見栄っぱりなぜいたくタイプ
収入
支出
豊かさ
貯蓄
貯蓄が極端に多い三角形
倹約生活で貯蓄命タイプ
いずれも正三角形の場合よりも面積（豊かさ）が小さくなる
少しずつ正方形を大きくしよう
収入
支出
豊かさ
貯蓄
30代
収入
支出
豊かさ
貯蓄
40代
収入
支出
豊かさ
貯蓄
50代

平均値の推移をみると、３辺（収入、支出、貯蓄）それぞれの大きさも、三角形の面積（豊かさ）も、定年退職して年金生活をむかえるまで、年齢とともに大きくなっていきます。

30代から50代の推移では、収入は、５５５万円から、７６０万円に増えます（厚生労働省「平成19年国民生活基礎調査の概況」）。

支出は、月27万円から、35万円に増えます（総務省「家計調査年報平成19年」）。

貯蓄は、５１６万円から、１３２７万円に増えます（厚生労働省「平成19年国民生活基礎調査の概況」）。

重要なのは、50代に向かっていくなかで、家計も50代の正三角形（左辺：７６０万円、右辺：35万円、底辺：１３２７万円）に向かっているかどうか。

たとえば、年齢を重ねるほど、収入も増えていくでしょう。すると、ある人は、支出をできるだけおさえ、貯蓄を増やそうとします。しかし、三角形を描いてみればわかります。非常に平べったく、いびつな三角形ができます。当然、面積（豊かさ）は最大限になりません。支出を必要以上におさえすぎると、付加価値（モノやサービス）を買うことから得られるはずの豊かさがなくなるからです。

ある人は逆に、付加価値として買える部分に豊かさを見いだし、貯蓄をせずに、収入をすべて支出しようとするかもしれません。この場合、底辺である貯蓄が増えませんから、「収入」が増え、「支出」も増え、細長い三角形になっていきます。やはり面積（豊かさ）

は最大にならない。年収の割に貯蓄が少なくなり、老後の不安が生じます。

つまり、どれか1辺が大きくなるのであれば、のこり2辺もバランスよく大きくしなければならない。その結果として、年代ごとに、最大限の豊かさを得ていくことができるのです。

家

家は買うことよりもローンの処理

貯蓄、収入、支出の三角形が大きくなっていけば、その他の人生の要素に選択肢がみえてきます。

たとえば、家です。

現在、日本の「住まい」でもっとも多いのは、「持ち家」（住宅に住む一般世帯の64％）。次いで「民営の賃貸」（26％）、「公営の賃貸」（4％）、「社宅や公務員宿舎」（3％）、「都市再生機構・公社の賃貸」（2％）です（総務省「平成17年度国勢調査」）。

家に関するお金のフツーは、現状の家計をみて、家を「買う（買える）・買わない（買えない）」を判断することによって、知ることができます。

あるいは、年齢でみると、持ち家率が賃貸率をうわまわるのが、30〜34歳（40％）と35〜39歳（55％）の間ですから、はたして自分が35歳くらいで家を買えそうかどうか、考えてみるこ

●家の広さのフツー

1世帯あたりの住宅のべ面積は平均95平米。住宅の種別でみると、持ち家が122平米、民間の借家が44平米。都道府県別にみると、富山県が157平米でもっとも広く、次いで福井県、秋田県の順。もっとも狭いのは東京都で66平米。次いで、大阪府、神奈川県の順。00年と比べると、すべての都道府県で1世帯当たりの住宅のべ面積が拡大している（総務省「平成17年度国勢調査」）。

住宅ローンのフツー

住宅ローンあり		住宅ローンなし
55万6281円	世帯収入	50万9205円
942万円	貯蓄	1916万円
1593万円	負債額	54万円
34万6272円	消費支出額	36万1944円
7万1000円	ローン返済額	6000円

※世帯あたりの平均値。
資料:総務省「平成16年全国消費実態調査」

ともできます。

しかし、人生への影響度でいえば、家を持つことよりも、住宅ローンという副産物をかかえこむことのほうが大きい。一般的なサラリーマンにとっては、家は人生最大の買い物であり、住宅ローンは人生最長の借金になるからです。

つまり家について考えるうえでは、現状として「買える・買えない」の判断には大きな意味はなく、それよりも、ローンを完済するまでの見通しが立つかどうかが重要だということ。

長期のローンをかかえている間に、収入、支出、貯蓄はどう推移するのか。

三角形はどう変形するのか。

変形させないために、できることはなにか。

そういったことを考えたうえで、ようやく「買う・買わない」という判断に達する。それが、フツーをきわめる人の考えかたです。

たとえば、かりに家を買ったとしたら、住宅ローンはいつまで続くのかを考えてみる。

平均として35歳前後で家を買う人が多いのは、おそらく、住宅ローンの完済時期から逆算して、定年後にローンをのこさないようにするためでしょう。何度かくり上げ返済をして、返済期間を短縮するとしても、住宅ローンが定年以後にくいこむと、正三角形が急激に変形、あるいは縮小します。退職金で完済するという方法もありますが、退職金は、老後の生活費としてのこしておく必要がある。はたして退職金が出るかどうかも不安です。

「買いたい。でも手持ちのお金がない」

というのであれば、最近は、20代や30代前半でマイホーム購入を考える人を対象に、民間の金融機関から「50年住宅ローン」という商品が出ています。住宅金融支援機構も09年4月から、最長50年間金利固定の「フラット50」を発売します。

これなら、さしあたって手持ちが少なくても、家が買えます。返済期間が長いので、月あたりの返済額も少なくおさえることができます。

しかし、ここでもやはり、住宅ローンが定年以後にくいこむという問題が起きます。50年ローンは、80歳までに返済を終えるか、子どもにローンを引き継ぐといった条件がつきますから、かりに30歳で家を買い、80歳までローンをかかえていくとすれば、定年以後、収入が減り、貯蓄をとり崩していくなかで、支出だけが減りません。すると、三角形が大きく変形するでしょう。これはリスクです。

しかも、返済期間が長くなると、ひと月あたりの負担は減りますが、トータルの返済額は増えます。

たとえば、3000万円を金利3%で借り、35年で返済すると、トータルの返済額は、約4850万円です。しかし、50年で返済すると、約5800万円になります。その差、950万円という金額は、もちろん利息の差です。50年もたてば、そろそろリフォームも

●都市の持ち家のフツー

首都圏における持ち家率は、1995年からの10年間で52%から57%へと上昇。民営借家率は34%から32%へ下落した。世帯主の年齢階層別でみると、持ち家率はすべての年代で上昇。とくに20代、30代が増加している（総務省「平成17年度国勢調査」）。本文にもある通り、多種のローンを使えば、買えることは買える。しかし、問題は、買ってからのローンをかかえた生活。買う前にはまず、ここを踏まえておく必要がある。

3500万円のマンションを金利3%で購入した場合

頭金	借入額	返済期間	毎月返済額	総返済額
0万円	3500万円	50年間	約11万3000円	約6760万円
0万円	3500万円	35年間	約13万5000円	約5660万円
500万円	3000万円	50年間	約9万7000円	約5800万円
500万円	3000万円	35年間	約11万5000円	約4850万円
1000万円	2500万円	50年間	約8万円	約4830万円
1000万円	2500万円	35年間	約9万6000円	約4040万円
1000万円	2500万円	20年間	約13万9000円	約3330万円

※各種手数料、税金、マンションの管理費、修繕積み立て費等は含まず

必要になってくるでしょうから、それも別途、準備しておく必要があります。

そういうことを考えた結果、

「三角形が維持できる」

という人が、「買える人」であり、「買っても大丈夫な人」です。

「いまなら買えるから、買う」

という人は、「買える人」かもしれませんが、「買って大丈夫な人」とはいえません。

アメリカのサブプライムローンで、家を手放さざるをえなかった人たちの原因はなんだったのかといえば、収入が少なかったり、土地や住宅の価格が上がるだろうという予測がはずれたこともありますが、なによりも、家計が脆弱だったことです。

つまり正三角形をつくり、強い家計をつくることができなかった。

大金を、長期にわたって借りるということは、誰にとってもリスクですが、そのリスクは、三角形がゆがんでいる人ほど重い。安定感のない三角形では、その重みに耐えられないのです。

家を買う前に住まいかたを考える

世界的にみると、持ち家率が高いのは日本とアメリカです。ただ、この2カ国にも微妙

なちがいがあり、家に対する価値観が異なり、家の購入の傾向も異なります。

たとえば、アメリカは日本と比べて、若年層の持ち家率が高い。

なぜかといえば、人生設計と資産形成の意識が高いためです。

人生設計とは、老後のことを若いうちから考えるということです。

具体的にいえば、若いころは、家を持って仕事と子育てに励む。早々にローンを払い終える。老いて引退したら、家を売り、夫婦ふたりにちょうど良いサイズの家に住み替えたり、賃貸暮らしをするための資金にする。アメリカには、若いうちからそういうビジョンを持つ人が多い。住み替えに対する柔軟性といってもいいでしょう。

一方、日本で家を買う人には、「家に住む」というよりは「土地に住む」という感覚が強くあります。したがって、住み替えるという発想が、アメリカに比べて弱い。その結果が、老いてなお、駅まで車やバスで移動しなければならなかったり、４ＬＤＫに老夫婦ふたりだけで住んでいるといった、不便とムダとして表れます。

資産形成とは、家を資産としてみる意識のことです。アメリカ人は、前述の通り、ライフステージに応じて住み替えていくという意識がありますから、買うときから、売る場合の価値について考える。また、

「売りに出せば売れる」

という感覚もありますから、日本に比べて、若いうちから家の購入、つまり家という資

売れる家のフツー

売りやすい		売りづらい
最寄り駅が近い、便利	交通の便	最寄り駅が遠い、不便
治安がよい、緑が多い	周辺環境・立地条件	治安が悪い、環境が悪い
広い	敷地・建物面積	狭い
広いが車通りが少ない	接道	狭い（車が通れない）、大通り沿い
南向き、南東向き	向き	北向き、北西向き
あり	駐車スペース	なし
新しい	築年数	古い
定期的に実施している	メンテナンス	していない

産への投資に積極的であるともいえます（これがサブプライム問題の原因のひとつでもありますが）。

日本の場合はどうかというと、住み替える予定がないわけですから、誰かに売るという意識がありません。また、日本における家とは、サラリーマン生活の「最大の成果」であり、思春期における童貞卒業のようなもので、「一生に一度」という感覚があります。そのぶん、慎重になる。売るという意識がないので、

「他人が良い家だと感じるかどうか」

という客観的な視点が薄くなり、

「自分が住むんだから、自分が良いならそれで良い」

という感覚が強くなります。

こういうものは、風土とか国民性のちがいですから、どちらが良いというわけではありません。ただし、これから家を持つ予定であれば、人生設計や資産形成という意識を、もう少し持ってもいいのかもしれません。

人生設計という点でいえば、現在、老夫婦、もしくは老人ひとりで住んでいる世帯は51%に達しています（内閣府「国民生活白書」06年）。今後もますます増えていくでしょう。

さて、未来のあなたは、誰と、どのように住むのでしょう。

おそらく夫婦ふたりで住むのではないでしょうか。

住んでみたい街TOP5

首都圏	
1位	吉祥寺
2位	自由が丘
3位	横浜
4位	二子玉川
5位	恵比寿

関西圏	
1位	芦屋
2位	夙川
3位	西宮
4位	岡本
5位	神戸

MAJOR7「第9回 住んでみたい街アンケート」08年

若いころこそかっこいいと感じたデザイナーズハウスも、老いてみれば、らせん階段をのぼりおりしたり、高い天井につるされた電球をとり替えるのが、非常に不便に感じることもあるでしょう。

資産形成という点でいえば、老人になるほど、利便性の高い場所が住みやすくなるはずです。子どもはやがて巣立ちます。それが、老いと住まいのフツーです。実情として、駅までのアクセスが悪くて困っていたり、広いスペースを持てあましている老夫婦が多いことを考えれば、住み替えるという選択肢や、売るという選択肢も無視できません。

その際、売ろうと思って売れるのは、当然ながら、資産価値のある家です。それはたとえば、アクセス、広さ、間取りといったことも関わりますし、土地のブランド性も関わる。

「海が好きだから、海のみえる高台に家を建てた」

「電車は使わないから、駅からは遠いけど、幹線道路沿いの家を選んだ」

「目の前の坂が急だけど、オレは気にならない」

本人の納得度が高ければ、手放す予定がない限りは、それで問題ないかもしれません。しかし、手放す際には、それがデメリットになることもあります。売買は、自分が良いと思ったものではなく、買い手が良いと思ったものに値段がつくからです。

フツーをきわめていくうえでは、老いた自分の視点から、あるいは、売ることを前提にして、買い手となる人の視点から、住まいかたを考えてみることも重要ではないでしょうか。家は、人生設計と資産形成の土台となるものですから、ディスアドバンテージになってはしょうがない。

「フツーの家にしておけば良かった」

老いてからそう感じても遅いのです。

出産

子どもみたいな親が増えた

子育てや教育も、「収入」「支出」「貯蓄」という家計の三角形のうえに成り立ちます。この三角形さえしっかりしていれば、少なくとも、金銭面で子育てに苦労することはないと断言できます。

一方で、世間では子どもを「持たない」「持てない」というのがトレンドになりました。

その結果、日本の現在の年間出生数は、団塊ジュニアが生まれた1973年の約半分になりました。合計特殊出生率（15～49歳までの女性の年齢別出生率の合計）でみても、アメリカが2・1、フランスが2・0、イギリスが1・7であるのに対し、日本は1・32（厚生労働省「平成19年人口動態統計の年間推計」）。長期的に人口を維持できる水準が2・07といわれていますから、このままいけば、高齢化するのはもちろん、かつてインディアン（ネイティブアメリカン）がそうであったように、日本人も衰退と絶滅の危機をむかえるかもしれません。

少子化時代のフツー（出生数および合計特殊出生率の推移）

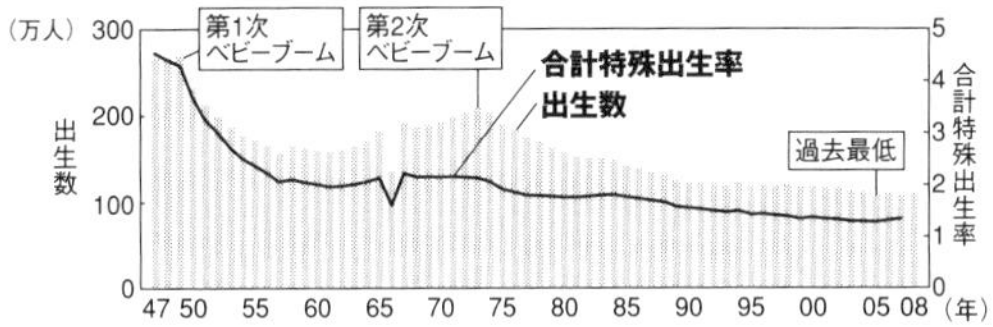

厚生労働省「人口動態統計」

このままでいくと、日本の労働人口は、2050年に現在の3分の2になります（内閣府「平成20年版少子化社会白書」）。ますます女性の労働力に頼るようになり、ますます少子化が進みます。

つまり少子化スパイラルが起きる。「日本の将来推計人口」によれば、近々、女性の6人に1人が結婚せず、3割以上が子どもを持たない社会がやってくるそうです。

これは、フツーの世のなかとはいえません。しかし、そういう世のなかに向かいつつあるのも事実です。また、そういう世のなかをつくっているのが、われわれ現代人であることもまちがいありません。

なぜ、子どもを産まなくなったのか。

最大の原因は、お金がかかるからでしょう。正しくいえば、

「子どもはお金がかかる」

という漠然とした不安があるからです。

では、実際にいくらかかるのか。

じつは、出産にはそこまでお金がかかりません。

たとえば、出産にかかる費用は、検診費用（10万円前後／交通費別途）や、入院・分娩費用（38〜50万円程度／個室での入院や、難産の場合の追加費用は別）などを合わせ、50万円前後。ただし、このうち、検診費用については、14回分までは無料。入院・分娩費用についても、出産育児一時金が35万円（10年度まで42万円）が支給されます。

出産費用のフツー

妊娠決定	妊娠7ヵ月まで	妊娠8～9ヵ月	妊娠10ヵ月	出　産
初診＋検診	1ヵ月に1度 程度の検診	2週間に1度 程度の検診	毎週検診	出産前後に 1週間ほど入院
初診料 ＝1万円	検診費7000円×5 ＝3万5000円	検診費7000円×4 ＝2万8000円	検診費7000円×4 ＝2万8000円	入院・分娩費用 ＝38～50万円

※費用は目安

地域によっては、たとえば、妊婦が通院するためのタクシークーポンやベビー用品等を買うためのお買物券を配る自治体もあります。実質、ほとんど負担なく、「収入」「支出」「貯蓄」の三角形が大きく変形することもなく、子どもを持つことが可能だということです。

出産にはお金がかからなかったとしても、では、育児はどうか。

世間を見わたすと、子なし婚が増えるもう一方、子どもを持ち、着々と家庭を築いている人がいます。子どもを持っても、「収入」「支出」「貯蓄」の三角形をバランスよく保っている人がいます。そのすべてが、裕福な人とはいえないでしょう。

具体的にいえば、30代で幼児を持つ家庭の場合、子ども関連支出（幼稚園・保育所費用を含む）は年18万円前後です（総務省「家計調査」07年）。

さて、支出に18万円くわわった際に、バランスの良い三角形を維持できるでしょうか。

働いていた妻が専業主婦になれば、収入が減り、貯蓄も減るでしょう。

その際に生じる問題を想像できるでしょうか。

ここであらためて、三角形をみる、あるいは、つくる力が問われます。子どもを「持たない」と決めている人は別として、「持てる人」と「持てない人」との差は、ここで生じるといってもいいでしょう。三角形のコントロールができるかどうかです。

子どもを持ち、三角形が変形することを想像する。その際に生じる問題を考えて、子どもを持つ前、または子どもを育てながら、対策を立てていく。フツーをきわめていくためには、まずはその対策が必要です。欠点が生じないよう、また、なにごともまんべんなくできるように手を打つことが、フツーをきわめることだからです。具体的な対策としては、貯蓄を増やしておいたり、保険を検討したり、できることはじつはいろいろあります。

少し辛口なことをいえば、現在、母親が第一子を出産したときの平均年齢が29・2歳だそうですから、これくらいの年齢までには、子どもを持つうえでの対策を考え始めなければなりません。それを検討した結果として、「持つ・持たない」の判断にたどりつかなければなりません。

それができていないということは、中高生の小遣い管理と同じ。子どもを「持てない」「無理」だというのは、親となるべき人が、実際のところ、子どもだからです。

高校生などが妊娠、出産すると、世間は、

「子どもが子どもを持つべきではない」

といいます。なぜ持つべきではないのかといえば、子どもには三角形をコントロールする力がないからです。

また、適齢期の人に対しては、

「いい年なんだから、そろそろ子どもを持ちなさい」

ともいいます。その前提には、家計の三角形をコントロールする力は、親になる人のフツーとして、「いい年」になるまでに身につけておくべきものだという考えかたがある。

しかし、実態として、子どもを持つ資格は、年齢ではなく、お金のフツーをきわめられるかどうかによります。「いい年」になるまで、親となるうえでのフツーを考えない人が増えたことが、少子化スパイラルの根本的な原因ではないでしょうか。

教育

年収４００万円の現実

悲しいかな、子どもの教育環境にも、三角形が影響します。

たとえば、東京大学の入学者は、その親の51％が、年収９５０万円以上であり、４５０万円未満が14％なのだとか（東京大学調べ／05年）。なるほど、こういう現状を踏まえれば、

「子どもの学力は、親の収入と学歴次第」

といわれて納得です。

では、親の年収と子どもの教育とはどう関係するのか。

たとえば、年収４００万円の親が、息子（娘）を東大に入れたいと考えたとしましょう。

大学に行くためには高校を出る必要があるわけですが、さて高校の学費はいくらなのか。

公立高校の学費は、自治体が決めます。たとえば、東京都立高校の初年度納入金は約12万円（06年・全日制）。大阪府立高校は15万円です。これなら、年収が４００万円でも十分に払えま

大学・初年度学生納付金のフツー

私立大学文科系	約120万円
私立大学理科系	約150万円
私立大学医歯系	約500万円
私立大学その他	約150万円

国立大学文科系	一律 約82万円
国立大学理科系	
国立大学医歯系	
国立大学その他	

す。

しかし、東大の入学者をみてみると、過去20年間で、公立高校から東大に入った人が20%減り、私立からの出身者が20%増えたというデータがあります。わが子を東大に入れるうえでは、私立という選択肢も考えなければなりません。

私立高校の学費はさまざまですが、1年あたりの学費は25～35万円が相場。東大合格率がトップクラスの高校でも、たとえば、灘高校の学費（授業料や学校維持協力金などを含む）は、年57万円（09年度）、開成高校の学費（授業料など）が46・2万円といった具合ですから、年収400万円でも、これくらいならなんとか――。

しかし、やはりこういう秀才高校に入るまでが大変。すなわち、中学校以下の教育環境（とそれにかかるお金）も必要になってきます。

このあたりから、年収の差がひびいてきます。

学費だけで比較すると、公立を1とした場合、私立高校は2倍、私立中学校は2・7倍、私立小学校は4・1倍。私立幼稚園は2・1倍です。幼、小、中、高をすべて公立でそろえると（そろえるって）合計571万円ですが、すべて私立でそろえると（私立フラッシュ）1678万円で、その差は3倍近くになります。

平均値でみると、年収400万円未満の世帯が1年あたりに支出している学費の総額は、幼稚園で21～46万円、小学校で25～71万円、中学校で37～104万円です。

では、年収1200万円以上の世帯はどうなっているかというと、幼稚園で45～79万円、小学校で59～159万円、中学校で66～143万円。

また、塾や習いごと教室の費用を含む補助学習費にも、年収が反映されます。

1年あたりの補助学習費の平均は、年収400万円未満の世帯では、幼稚園で2万、小学校で6～11万円、中学校で15万、高校で8万円。年収1200万円以上の世帯では、幼稚園で12～20万円、小学校で25～37万円、中学校で24～36万円、高校で26～42万円。学費よりもさらに大きな差があることがわかります（文部科学省「平成18年度子どもの学習費調査」）。

英才教育は、幼いときに始めるほど優秀に育つ可能性が高くなります。理屈上、早ければ早いほど有利です。一方で、幼いときに始めるほど、公立との差が大きくなるという性質があり、当然ながら、長期になるほど、家計に重くのしかかります。お金持ちが有利なのは、ここにお金を投じられる点なのです。

トンビとタカと飛行機

データが示している通り、年収が子どもの教育環境に影響することは、おそらくまちがいないでしょう。つまり親の人生は子どもの人生に「遺伝」する。それが教育のフツーであるともいえます。

親の学歴により異なる進学期待

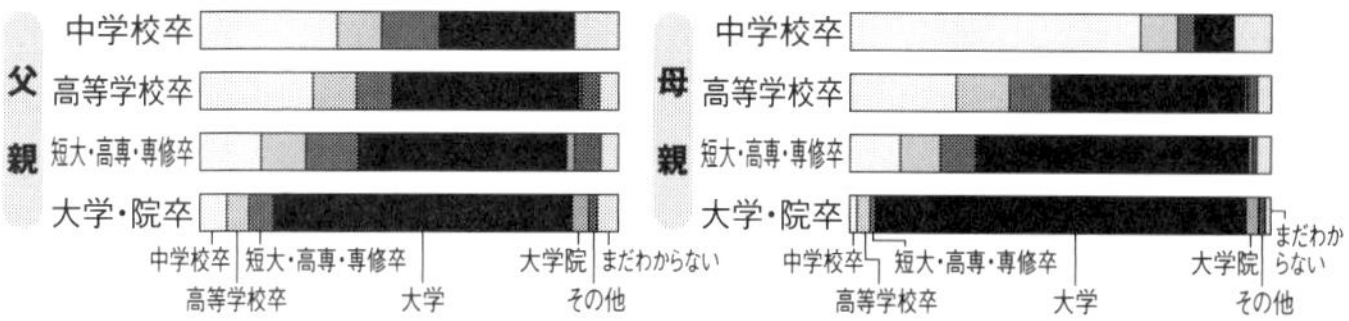

内閣府「青少年の生活と意識に関する基本調査」00年

しかし、親から子への人生の遺伝は、いまに始まったことではありません。昔から、親の質、たとえば仕事のレベルなどが、給料だけでなく、子どもの将来にもはね返るという現実がありました。昔から、それがフツーでした。だから、親の質からは想像できない優秀な子が育ち、東大に入ったりすると、

「トンビがタカを生んだ」

といって驚いた。最近になって、世間がそういう現実に気がついただけです。

あるいは、われわれはいつからか、「平等」という言葉を過信し、

「勉強すればなんとかなる」

と思いこんできたのかもしれません。そういうことを教えるのが、教育であるともいえるでしょう。教育とはつまり、理想だからです。

たしかに、勉強すれば、ある程度のことはなんとかなります。しかし、トランプや麻雀が、配られた手札である程度の勝負が決まるように、教育においても、効率良く勉強できる環境を与えられる子どもと、与えられない子どもがいます。

フツーをきわめていくうえでは、まずここを認識しておく必要があるでしょう。つまり「教育」は理想で、「子育て」は現実。フツーは、現実のうえに成り立つものであり、また、親にとって重要なのは、理想を訴えるよりも前に、現実をみることです。

現実とはなにかといえば、トンビがトンビを生み、タカがタカを生むということです。

「勉強しなさい」
「いい大学にいきなさい」
と、子どもの尻を叩いても、トンビはトンビのようにしか飛びません。子どもをタカに育てたいのであれば、まずは親がタカである必要があります。ようするに、勉強しなさいと叱るのであれば、そのぶん、親だって努力しなければならないということです。親が、仕事で頑張ったり、博識になったり、人格者になったりして、世間が親をタカとしてみるようになれば、子どもも自然とタカのように育つでしょう。結果として、タカがタカを生むという、きわめてフツーの親子となるわけです。

もしくは、英才教育にこだわらないという考え方もできます。そもそも世の中は不平等なのですから、東大に入るようなフツーでない子を育てるには、フツーの年収では手が出ないこともあるでしょう。トンビやタカが、飛行機と勝負するようなものです。

家計という点でみれば、飛行機に対抗し、無理して子どもの教育費を支出すれば、当然ながら、三角形がゆがみます。面積が小さくなり、お金以外の部分での豊かさ、たとえば家族の会話とか、父母の背中をみて育つ環境が損なわれます。

そういう環境のなかで、はたして豊かな子が育つのか。

親たるもの、そこを考えてみなければなりません。家計をみて、面積（豊かさ）が最大になる正三角形を考える。そのために、3辺（収入、支出、貯蓄）を工夫する。重要なのは豊かさであり、お金だけに頼らずとも、豊かな教育環境をつくることはできるのです。

センス

生活が苦しいのはあたり前

お金について考えていくと、人は、ある意味では自虐的といえるかもしれません。

汗を流し、経済的に豊かになる。しかし、その喜びにひたる間もなく、家や子どもを持ち、住宅ローンや教育費を抱えこむ。せっかく手にした経済的な豊かさを手放して、ふたたび汗を流す。

つまり、「手に入れる」と「手放す」のくり返しであり、人生80年をならしてみれば、大半が汗を流している時間です。しかし、その過程で、人は「ああ、幸せだ」と感じます。多くの人が、そういうマゾヒスティックな人生を望みます。マゾヒスティックな人生なのですから、生活に経済的な「ゆとり」があるはずがありません。

世間の借金事情をみると、借金のある世帯は31%。借金率がもっとも高いのは40代で、1世帯あたり平均は872万円（厚生労働省「平成19年国民生活基礎調査の概況」）です。おそらく、住宅ローンがあるためでしょう。しかし、当の城主は、

「ああ、幸せだ」

●住宅ローンのフツー

住宅ローン返済額（土地家屋借金返済）は、1世帯あたり1カ月平均9万9000円（年間約120万円）。可処分所得に占める住宅ローン返済額の割合は、04年以降、19%台で推移している。これくらいの範囲でローン返済計画を組むことが、家計と生活のフツーを維持していくうえの目安といえる。

貯蓄のフツー（1世帯あたり）

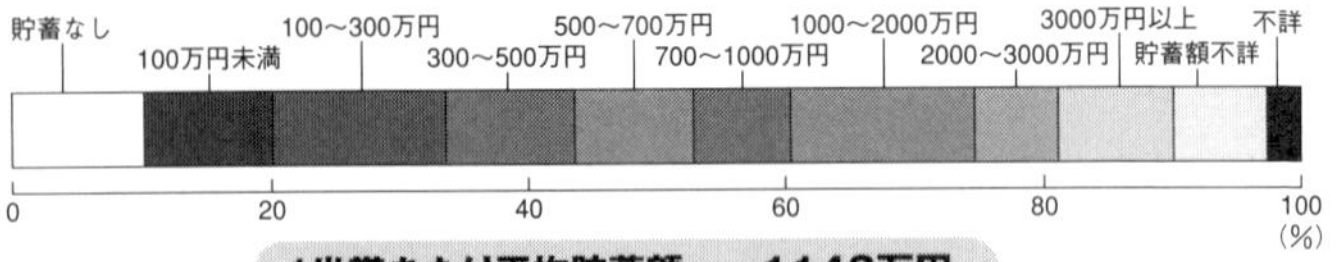

1世帯あたり平均貯蓄額……1143万円

厚生労働省「平成19年国民生活基礎調査の概況」

と、笑顔で暮らしていたりします。

また、現在の生活について、「苦しい」（「大変苦しい」と「やや苦しい」の合計）と答えている人は、全世帯の57％。児童のいる世帯では、63％に増えます（厚生労働省「平成19年国民生活基礎調査の概況」）。でも、当の親は、

「ああ、幸せだ」

と、楽しく子どもと暮らしていたりする。

彼らがなにをやっているのかといえば、経済的な「ゆとり」を、精神的な「ゆとり」に変換しながら生きているということです。人生とはつまり、その変換のくり返しであり、精神的な「ゆとり」を得ていれば、経済的な「ゆとり」がなくても苦にならないということです。

では、精神的な「ゆとり」を得るために、重要なことはなにか。

ひとつは、しつこいようですが、正三角形を作る力です。「収入」「支出」「貯蓄」のバランスを正三角形に保つことが、その時々で最大の精神的な豊かさを得る方法だからです。

もうひとつは、お金で「買えるもの」と、「買えないもの」の区別を、はっきりとつけることでしょう。

教育。これはお金で買えます。

家庭。これはお金で買えません。

借入金のフツー（1世帯あたり）

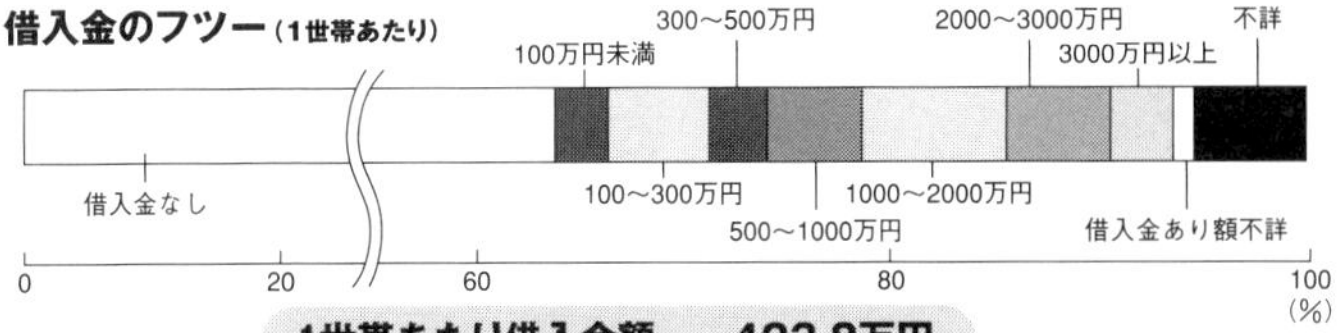

1世帯あたり借入金額……423.8万円

厚生労働省「平成19年国民生活基礎調査の概況」

つまり、いくらお金持ちでも、お金の使い方がわからなければ、精神的なゆとりは得られない。これは、お金で買えるものと、買えないものの両方から成り立つからです。

「お金で買えないものはない」

といったのは、時代の寵児といわれたヒルズ族のH社長でした。

たしかに、彼のいう通り、お金が人間の力を表す「指標」であり、「社会で力を得たいと思うなら、お金を稼ぐのがいちばん手っとり早い方法」というのも、真実かもしれません。

しかし、お金で買えないものが、ないわけではない。時代とともに少なくなっているかもしれませんが、ちゃんとある。フツーとはつまり、そこに気がついているかどうかです。

彼の思想がまちがいというわけではありません。思想は個人の自由です。もしかしたら、彼はコペルニクスで、真実はそっちなのかもしれません。将来、彼の思想が常識となる日がくるかもしれない。

しかし、いまではなかった。少なくとも、いまの価値観としてはフツーではなかったから、結果として、評価されなかったわけです。

問題は、世間の少なくない人たち、とくに若い人たちが、彼の思想を追いかけたことです。つまり、フツーではないことを高く評価しようと考えた人たちがいて、その結果、個々が持つフツーの価値観がゆがんでしまった。お金の使い方、住まい方、子どもの持ち方、育て方といったことにおけるフツーがわからなくなり、フツーをきわめる努力をしなくなってしまった。できなくなってしまった。

さて、あなたのフツーは大丈夫でしょうか。

お金で買えるもの（たとえば、教育とか）ばかりを追いかけていると、一方で、お金で買えないもの（たとえば、家庭とか）を失うことになります。失ってから気づいても遅いということは、歴史や世間が十分に証明しています。H社長も、身を挺《てい》してそれを証明してくれました。人のふりみて、わがフツーを鑑《かんが》みなければなりません。

未来

せんべい買うにも悩む時代

さらに先を考えると、老後の不安というのがあります。

調査によれば、老後の生活について不安がある人は85％。そのうちの81％が年金不安で、以下、「日常生活に支障が出る」（48％）、「自助努力による準備が不足する」（41％）など（生命保険文化センター）。老後は、誰にとっても不安なのがフツーだということです。

データも示している通り、生活の不安をとりのぞくためには、まずは年金をなんとかしなければなりません。こういう不安が生じたのは、もらえるはずのものが、消えたり、もらえない可能性が出てきたりしたからです。年金は、納めていればもらえるのがあたり前であり、長年、そういうフツーが成り立っていました。しかしそのフツーが実行されるのかが、急激に疑わしくなったわけです。

そもそも、お金というのは、信頼できる人にしか預けてはいけません。茶髪にピアスで、語尾が「ッス」「ッス」という人に大金を預けようという人はいないでしょう。それがフツーの感覚です。だから銀行マンはみな、こぎれいな格好をしています。

一方で、われわれは全員、年金（＝老後の生活資金を受けとる権利）を、信頼できるかどうかわからない、顔も格好も見たことがない人に預けることになっています。その結果、じつは年金を横領していたという不届きものの職員が現れました。

また、年金制度は、国民全員が参加するから成立する仕組みですが、年金を支払わない人も現れました。

「払いたいけども、貧乏だから払えない」

という人はしょうがないとして（年金納付には数段階の免除制度があります）、

「払いたくないから払わない」

という子どもみたいな不届きものも出てきてしまった。その結果が、国民年金保険料の納付率47％という過去最低の数値です（社会保険庁／免除や猶予された人も含めて算出した実質納付率／07年度）。

不届きものにはあげないとか、強制的にとり立てるとか、いろいろと方法はあるかもしれません。しかし、国は基本的に弱い人にやさしいですから、彼らが老いて、食べものに困るようになれば、やっぱり助けてあげるしかありません。大量の無年金者が発生すれば、

●治安のフツー

日本が治安のいい国だといわれる根拠のひとつは検挙率の高さである。罪名別でみると、殺人の検挙率は97%、強姦は79%、放火は74%と、いわゆる凶悪犯罪の検挙率は高い。一方、住居侵入は33%、窃盗は28%、詐欺は41%(19年)。身近な犯罪(発生件数が多く、われわれ生活者が遭遇しやすい犯罪)ほど犯人検挙に至らないケースが増える。

治安が悪くなることも考えられます。どっちみち生活保護を支給することになり、税金負担が増えます。

ようするに、道徳として「わがままは許さない」、一方で、理想として「やさしい国を目指す」という、2つの方針が矛盾するから、老後の不安を生み出すわけです。

今後、全員にきちんと年金を支給していくためには、おそらく、消費税を上げて、それを財源にあてることになるでしょう。世界的にみて、日本はすでに法人税が高いですし、所得税を上げると、働く意欲が低下し、ますます夢のない世のなかになってしまう。なによりも、消費税はとりやすい。与党も野党も、方法こそ異なりますが、将来的に消費税を年金の財源にするという方針は同じです。

じつはこれが、老後の不安をさらに大きくしています。というのも、消費税アップの負担は、貧しい人にほど重くのしかかるからです。

消費税は、消費したものにかかる税金ですから、年収が高い人ほど高いものを買えば、そのぶん税負担も大きくなります。しかし、現実はどうかというと、年収の高い人が、毎日、寿司やスキヤキを食べているわけではありません。1日8食食べているわけでも、洋服を使い捨てているわけでもない。お金持ちほど意外とケチというのは、われわれが感覚的に知っていることでもあります。つまりモノやサービスの消費額の差は、年収の差ほど大きくないということです。

年収と食費の関係

世帯年収	月々の食費
～367万円	41,899円
367万円～504万円	54,633円
504万円～655万円	65,272円
655万円～879万円	73,199円
879万円～	87,735円

資料:総務省「家計調査」2006

また、裕福な人は、多少消費税が上がってもダメージを受けませんが、貧乏な人の家計には直撃します。消費税は、老人にも容赦なくかかりますから、少ない年金を頼りに、貯蓄をとり崩して生きる人にとって、支出が増えるのは大きなダメージです。三角形で考えれば、それは明らかです。収入が減り、貯蓄も減る。そのなかで、支出だけが増えれば、三角形はゆがみます。面積（豊かさ）は、著しく小さくなる。せんべいを1袋買うにも真剣に悩まなければならないような生活が、フツーの老後として少し先にひかえているということです。

「年金横領なんて、ひどい職員もいたもんだ」

「年金を払わない若者が増えてるんだってねえ」

と、客観視している場合ではありません。彼らフツーの感覚を持たない人が、われわれの老後に与えるダメージは決して小さくありません。だから、フツーが大事なのです。

センス

若いうちが華

サラリーマンの人であれば、おそらく厚生年金をもらえます。もらえるかどうかわからないので、「おそらく」としておきますが、これが、サラリーマンの老後を支える重要な柱のひとつとなります。

では、それで足りるのか。いわゆる老人は、どれくらいのお金で生活しているのか。

世帯主が60歳以上で２人以上の高齢者無職世帯の実収入は、１世帯あたり月22・５万円（総務省「家計調査」07年）。収入の８割強が、年金です。ただし、ここから税金（年金は雑所得として課税されます）などが差し引かれますから、実際に使えるお金（可処分所得）は19・２万円です。

一方、支出の平均は24・７万円。つまり月あたり５・５万円の赤字。１年で計算すると66万円の赤字ですので、このペースで20年生きるためには、１３２０万円の貯蓄が必要です。

また、旅行、趣味、教養、近所づきあいなどにかかる支出を踏まえ、ゆとりのある老後生活のために必要な額は、月38万円といわれています。平均収入と差し引きすると、月19万円の赤字。１年あたり２２８万円、20年で４５６０万円の貯蓄が必要です。

さて、あなたはこれだけの貯蓄を準備できるでしょうか。老後の生活資金として退職金をアテにしている人もいるでしょう。はたして思っている通りの退職金が出るでしょうか。

「貯蓄できそうにない」

「退職金が出るかどうか、わからない」

というのであれば、いまから貯め始めても、決して早くはありません。あるいは、家を買い、とりあえず住むところだけは確保しておくとか、子どもを作り、将来、面倒をみてくれるアテにするといった計画を立てることもできます。

いずれにせよ、若いうちが華です。資金計画なくして、老後は成り立たないからです。

一方で、人は、少し小金を稼ぐようになると、まずは贅沢をしようと考えます。

たとえば、30歳くらいになり、さしあたって生活が安定してくると、ちょっと高い店で食事をして、ちょっとした距離でもタクシーに乗ったりする。「大人買い」とかいいながら、いろいろと物を増やそうともする。

「収入」「支出」「貯蓄」の3要素のなかで、「支出」がもっとも楽で、楽しく、手軽に豊かさを感じられることですから、そこに目が向くのは自然なのかもしれません。その結果、支出することがかっこいいことだと思い、それが「大人」だと思ってしまう。

しかし、それが「大人」でないことは、あとになってから気がつきます。同時に、支出を増やすのであれば、貯蓄も増やさなければ、正三角形がつくれないことにも気づくでしょう。収入が増えたのなら、それを、支出と貯蓄とにバランスよくふりわけなければ、面積（豊かさ）が最大にならないことにも気づく。そこでようやく、「大人」になる。

いつまでもそこに気がつかない人は、散財する年月をすごしたところで、

「貯金がない」

と騒ぐことになる。

だから、若いうちが華。

貯金がなくて困ってから、

●可処分所得のフツー

2人以上の勤労者世帯で、可処分所得を世帯主の年齢階級別にみると、30歳未満の世帯は34万円、30～39歳の世帯は40万円、40～49歳の世帯と50～59歳の世帯は49万円、60歳以上の世帯は35万円（総務省「家計簿からみたファミリーライフ」）。所得（支出と貯蓄にふりわける）面で豊かさを得るためには、これくらいの所得を得ていく必要がある。

1,000万円貯めるには

月々3万円貯蓄 →	約28年（1,008万円）
月々5万円貯蓄 →	約17年（1,020万円）
月々8万円貯蓄 →	約10年（960万円）
月々10万円貯蓄 →	約8年（960万円）

「あのころ、贅沢していたなあ」

とふりかえってみても、人は想い出のなかでは生きていけないのです。

家計のバランスの推移を追ってみると、30代よりも40代のほうが収入は増えますが、貯蓄率が伸び悩みます。なぜかといえば、子どもにお金がかかるからです。つまり口の数が増えれば、支出も増える。

あなたがいま、30代の独身なら、散財も結構ですが、貯蓄はそれよりも大事です。

あなたがいま、30代のＤＩＮＫＳなら、貯めるチャンスはいまです。月10万円でも貯めていけば、５年で６００万円、８年で１０００万円近くになります。子どもを持っても、幼いうちはそんなにお金がかかりません。年代別の平均貯蓄額の推移をみても、貯められるのは、子どもが高校や大学に進む前までです。

おすすめはしませんが、投資をするのも若いうち。老いてから失敗するととり返しがつきませんが、若いうちなら、やり直せるからです。

もうひとつ重要なのが、いま、目の前の仕事を頑張るということです。

「頑張る」とは漠然としていますが、ようするに、給料が上がるように努力するということです。

サラリーマンの場合、勤続年数が増えるほど、所得の格差が表れます。入社時には同じ給料でも、30代、40代で月10万円、20万円の差がつき、定年するころにはその差がさらに

大きくなります。それが、貯蓄の差となり、退職金の差にもなります。老いてから、

「もっと働いておけば出世できたのに」

と思っても、手遅れです。

だから、若いうちが華なのです。

こういう感覚は、じつは若い人のほうが長けているのかもしれません。

ある民間調査によれば、20代の男女の4割近くが休日を家ですごし、6割以上の人が、とくに「コレ！」といった目的なく、しかし、毎月貯金をしているそうです。元気のなさを感じますが、現実的な人生戦略ともいえます。また、30代との比較で、20代のほうが、出世意欲が10％も高いというデータもあります。

「若いヤツなんてバカばかり」

といって遊んでいるうちに、みなさん、追い抜かれてしまうかもしれません。アリとキリギリスです。

おそらく感覚的だとは思いますが、「若いヤツ」は、近未来にある不安を感じとっているのでしょう。だから、結果として、経済的なディスアドバンテージができにくい家計をつくり、フツーをきわめる方向に進んでいる。

近未来のフツー、つまり自分しかアテにならない老後をみすえれば、「若いヤツ」には、その時代を生き抜く素質があるのです。

●消費支出のフツー

2人以上の勤労者世帯で、消費支出を世帯主の年齢階級別にみると、30歳未満の世帯は1カ月平均25万円、30〜39歳の世帯は27万円、40〜49歳の世帯は34万円、50〜59歳の世帯は35万円、60〜69歳の世帯は29万円、70歳以上の世帯は24万円（総務省「家計簿からみたファミリーライフ」）。節約も大事だが、付加価値（モノやサービス）を通じて豊かさを得ていくためには、これくらいの支出が必要といえる。

生老病死を受け入れる

老いるということは、かんたんにいえば、死に近づくということです。もっとかんたんにいうと、人は生まれた瞬間から、死に向かっているともいえます。

ゴータマ・シッダルタ（のちのブッダ）は、生まれてから死ぬまでの連続した流れを「生老病死」として、人が避けられない「苦」と位置づけたそうですが、生まれる、老いる、病気になる、死ぬという4つは、われわれの命の流れのなかで、いまも昔も、男女も貧富も民族も関係なく、フツーのものとして存在しています。

なぜ「苦」なのかといえば、その原因は、フツーのものを受け入れようとしないことにあります。

「老いたくない」

「病気で苦しみたくない」

「死にたくない」

そういう葛藤が、生まれたときからずっと続く。それがイヤだから、苦しむ。それがイヤだから、赤ん坊は泣いて生まれてくる。すると、シェイクスピアの「リア王」にある、

「人は泣きながらこの世に生まれる。阿呆ばかりの大舞台に生まれたことが悲しいからだ」

保険のフツー（生保の加入状況）

世帯の生命保険加入状況		全世帯	世帯主	妻	子
	加入率	87.5%	82.7%	73.9%	55.9%
	加入件数	4.2件	1.9件	1.7件	1.3件
	普通死亡保険金	3,269万円	2,033万円	992万円	
	疾病入院給付金日額		10.3千円	8.4千円	
	払い込み保険料	52.6万円			
個人年金保険の加入率		21.8%			

生命保険文化センター「生命保険に関する全国実態調査」06年

というセリフにも、相通じるものを感じます。

ようするに、赤ん坊にはフツーがなんたるかがわかりませんが、大人はわかっていなければならない。フツーに生きるためには、まず生老病死をフツーのこととして受け入れなければならないということです。

生老病死を受け入れることができれば、そこで対策を打つこともできます。

もちろん、「老いる」「病気になる」「死ぬ」ということは、それが人のフツーですから、対策できませんが、しかし、「老いて、病気になり、死ぬ」という苦に、経済苦というさらなる苦しみが乗っからないよう、現実的な対策を打つことはできる。

その手段が、保険です。

調査によると、日本の世帯の生命保険（民間、郵便局、農協がとり扱う生命保険商品）加入率は87・5％（生命保険文化センター「平成18年度生命保険に関する全国実態調査」）。多くの人が、保険を現実的な対策として頼りにしていることがわかります。

しかし、はたして保険が最良で、保険が唯一の手段なのかといえば、決してそんなことはありません。

たとえば、貯蓄が十分にあれば、保険はいりません。病気やケガになっても、万一のことが起きても、貯蓄でカバーできるからです。

具体的にいえば、過去1年で入院した人の統計によると、入院費用は約30万円（平均入院日数は23日）。これを貯蓄で補えるなら、入院保険はいりません。養っている家族がいなければ、多額の死亡保障は必要なく、葬式代100万円程度の貯蓄で十分な場合もあります。老後のフツーを考えるうえでは、まずはここを踏まえておかなければなりません。

海外と比較してみると、とくに日本人は保険に頼る傾向が強いといえるでしょう。

現在、日本国民が支払っている生命保険料の合計は、人口が2倍以上ちがうアメリカとほとんど変わりません。また、わずか人口1億2000万人で、世界人口のわずか2％にすぎない日本人が、世界で支払われている生命保険料の約3分の1を支出しています。「日本人が保険好き」といわれるのも、こういうデータが裏打ちしています。日本に外資系の保険会社がたくさんあるのもそのためです。

じつはここに、生老病死をきちんと受け入れられていないことが示されているのかもしれません。

万一のこととは、万にひとつ、人生80年の締めくくりとして、たった一回だけ起きる一瞬のことですから、本来であれば、その一瞬以外の80年の生活のほうが重要です。

病気やケガはもう少し頻度が高いですが、それでも、データによれば、実際に過去1年で入院経験がある人は、14％にすぎません。入院しない可能性のほうが高く、入院しない時間のほうが、まちがいなく長い。この部分を支えるのが家計です。保険を考えるよりも、家計の正三角形を考えることのほうが、圧倒的に重要ではないでしょうか。

●地震保険のフツー

２００７年度中に新たに契約された火災保険のうち、地震保険に加入している割合は44％。５年連続で上昇している。都道府県別の加入率は、高いほうから高知（72％）、愛知（63％）、宮城（62％）の順（損害保険料率算出機構）。日本が地震大国であることも踏まえれば、もはや地震保険への加入はあたり前ともいえる時代となったのかもしれない。

お金は「生きていく」ために必要

「死にたくない」

と思う人が多いということは、それだけいまの人生が幸せであるということですから、現象としては喜ぶべきことかもしれません。しかし、それはあくまで、生きているうえでの話ですから、死よりも、まずは生きていることについて考えなければなりません。

世の常として、先進国になり、豊かになるほど、生老病死をフツーに受け入れられなくなります。なぜかといえば、老いているように見える人、病気に苦しむ人、目の前で死ぬ人が少なくなるからです。

たとえば、日本には疫病もありませんし、戦争もありません。死ぬ人の9割が病院で死にます。だから、実感として、生老病死というものがわからなくなり、

「どうにかすれば避けられるのではないか」

という錯覚につながっていく。

発展めまぐるしい中国においても、中国保険業監督管理委員会によれば、国内の保険会社が増え、各社の総資産が増えているそうです。世界との比較でも、保険料収入の規模でトップ10に入りました。豊かになるほど、「老いて、病気になり、死ぬ」という、抵抗でき

●自殺のフツー

日本の自殺者数は、1998年から3万人台に増え、以来、高止まりしている。3万人という数は、交通事故死者数の約5倍。1日あたり90人、約16分に1人が自殺している計算になる。都道府県別でみると、自殺率がもっとも高いのは秋田県。自殺者数がもっとも多いのは東京都。世界でも、自殺率はアメリカの2倍、イタリアやイギリスの3倍に達している。どの国にも自殺はあるが、日本の水準はフツーというレベルを超えて高い。

世界の自殺のフツー（自殺率TOP5の国）

1位	リトアニア
2位	ベラルーシ
3位	ロシア
4位	カザフスタン
5位	ハンガリー

9位	日本	41位	カナダ
11位	韓国	43位	アメリカ
19位	フランス	54位	スペイン
27位	中国	62位	イタリア
34位	ドイツ	63位	イギリス

資料：WHO（07年）

ないフツーに抵抗したくなり、保険加入率が高くなるのです。

おそらくみなさんも、日々、先進国の国民らしく暮らしていることでしょう。日常生活で生老病死を実感する機会もあまりないはずです。だから、30歳前後にさしかかるころから、周囲やメディアにいわれるがまま、保険に入ります。

しかし、これも「投資」が流行っているからそれに流されるというのと同じで、世間には必要のない保険料を支払い、ムダ遣いに終わったり、それが家計を圧迫する原因となっている世帯がたくさんあります。本末転倒です。

また、保険に頼るという発想は、

「保険に入った。だから安心だ」

という発想につながります。その結果、健康維持に関する意識が低下したり、注意力が散漫になり、ケガをする可能性が高くなることもあります。これを保険の世界ではモラルハザードというわけですが、ようするに、保険は対策の手段のひとつであり、じつは、保険に入ることよりも、健康維持に努めたり、入院費を貯めておいたりすることのほうが、重要かもしれないということです。

日本は保険料支出が世界トップクラスである一方、自殺率がトップクラスの国でもあります。現在、日本の自殺率はＯＥＣＤのなかで第2位。自殺者数は年間3万人を越え、それが10年以上続いています。ちなみに、3万人という数字は、人口が2倍以上ちがい、銃が簡単に手に入るアメリカと同じ数です。

このうちの多くが、中高年の自殺であり、病気による悩みや、経済苦が原因であることはご存知の通り。長寿の国の国民には、「死ねない」というジレンマがあります。そういう人生を生きていくうえでは、健康管理が大事であることはまちがいありません。保険料をムダ遣いしたり、それが家計を圧迫することが、命とりになりかねません。

そもそも自殺は、「死にたい」と思わなければ自殺しないわけですから、豊かさのある生活の礎として、家族を持ったり、小さな三角形のなかで最大限の豊かさを得る方法を知っておくことも重要です。死に関する悩みは、保険に入っただけでは、なにひとつ解決しないのです。

生老病死の生は、生まれてくることを指しています。人は誰でも、1円も持たずに生まれてきます。お金持ちの家に生まれたり、貧乏な家に育ったり、経済的な「遺伝」を受ける部分もありますが、それは背が高いとか顔かたちが美しいといったものと同じ。どうにもできないものです。むしろ重要なのは、親の庇護から出て、世のなかにデビューしてからでしょう。ここで人は、自分でお金を稼ぎ、守ります。1円もなかった子どもが、老後に必要なお金を貯めようとして努力します。

一方、死というのも生と同じで、お金持ちであっても、それを死後の世界（があるかどうはわかりませんが）に持っていくことはできません。1円も持っていけない。

お金が、「生きていくために必要」というのはそういうことで、生まれてくるときと死んだ後には、必要がない。

幸せに生きていくためには、ここを知っておかなければなりません。

必要以上（使えないぶん）を貯めようとするから、三角形がゆがむ。

お金に関する不安が拭えないから、過剰に保険に入り、散財してしまう。

結局、家計がおかしくなって、「死にたい」と思うようになる。

でも、死ねない。

もともとの原因がなんだったかといえば、「収入」「支出」「貯蓄」の3要素をコントロールできないからです。

さて、あなたの三角形は、いまどんな形でしょうか。

今後、どのように変わり、どのように拡大・縮小していくのでしょうか。

それが想像できれば、人生におけるよけいな心配とムダ遣いは、かなり減らせるはずです。同時に、豊かに生きていく基盤も固まるはずです。

chapter

4

趣味

HOBBY

フツーの自己管理

ギャンブルがギャンブル脳をつくる

趣味の世界は、個人の世界ですから、なにをやっても基本的に自由です。「趣味が悪い」ということはあっても「悪い趣味」というのはありません。個人で楽しむぶんには、フツーを気にする必要もありません。

しかし、個人の世界に閉じこもり、世間との接点が薄くなるからこそ、フツーの感覚がゆがみやすいともいえます。

さて、趣味はフツーにどう影響するのか。ここでは、そんなことを考えてみます。

たとえば、ギャンブルという趣味があります。これも、個人のお金で楽しむぶんには、誰にも迷惑がかからない。しかし、その裏側には、脳をフツーでない方向に導く力があります。

人が文化的な生活を送るようになって以来、
「ギャンブルはロクな結果をまねかない」
というのが定説です。

なぜ、ギャンブルが悪とされるのかといえば、かんたんにいえば、フツーの感覚をゆがめるからです。

●「借金あり」のフツー
消費者金融の利用者は、いったいどんな人なのか。利用者の8割以上が男性、年齢は50代以上の男性が約30％と高く、次いで30代の男性が約20％を占めている。職種は販売・セールス・営業職、年収は４００～５００万円台の人がもっとも多い。利用目的ベスト3は「生活費の補塡・つなぎ」「交際費・つきあい」「遊興費・娯楽費」（「消費者金融白書」２００３）。

たとえば、金銭感覚のフツーがゆがみます。調査によると、パチンコ1回あたりの遊戯金額は、平均1万6292円。パチスロは1万7632円（エース電研「パチンコ参加実態調査」07年）。昼食は、牛丼やハンバーガーをメーンローテーションにして、100円でも安くおさえる。洋服は買い控え、映画も見ない。一方で、パチンコでは惜しみなく壱万円札を出す。これは、フツーの金銭感覚ではありません。

さらにゆがむと、ギャンブルで勝った金を、生活費のアテにするようになります。しかし、アテにできるほどギャンブルは勝てませんから、やがて金を借りて、ギャンブルをするようになります。

現在、国内には消費者金融の利用者数が1400万人もいるのだとか（全国信用情報センター連合会／06年）。日本の労働者人口が約6600万人ですから、働いている人の5人に1人です。「生活費が足りない。だから、借りる」というフツーではない考えかたが、ギャンブルによる金銭感覚のゆがみに起因するケースも少なくありません。

時間の感覚もゆがみます。土日のパチンコ屋をのぞくと、開店から閉店まで、ずーっと居座っている人がいます。競馬場にも、同じような人がいます。休日をどう使おうと当人の勝手ですが、有限である時間を、なんの疑問も持たずにギャンブルに費やせば、当然、フツーの感覚がおかしくなる。それがフツーだと思いこむようになり、ほかの人がどんな休日をすごしているのか、気にならなくなる。こわいのは、こういうゆがみです。

●ギャンブルのフツー

既存のギャンブルへの参加率は、宝くじ（スクラッチを含む）が6割以上でもっとも高い。ナンバーズ、パチンコ、中央競馬などは2割前後。日本にカジノ（合法）ができた場合に、「ぜひ遊んでみたい」と答えたのは、全体の14％。「一度は遊んでみたい」は50％。「遊んでみたいと思わない」は27％。合法カジノの設立に賛成が多いのは、20代と30代である。ギャンブルは楽しいが、一方では、「一発当てよう」というギャンブル脳をつくる。

12 正常な支払いに「ギャンブルの元手」を使うことを渋ったことはありますか？
13 ギャンブルのために家族の幸せをかえりみなくなったことがありますか？
14 予定よりも長い時間ギャンブルをしてしまったことがありますか？
15 悩み、トラブル、退屈、孤独から逃げるためにギャンブルをしたことがありますか？
16 ギャンブル資金をつくるために違法なことをした、あるいはしようと考えたことはありますか？
17 ギャンブルのために不眠になったことはありますか？
18 口論、失望、欲求不満のときにギャンブルをしたい衝動にかられたことはありますか？
19 よいことがあると2、3時間ギャンブルをして祝おうと思ったことはありますか？
20 ギャンブルが原因で自滅、自殺しようと考えたことはありますか？

※Yesが7つ以上で、病的賭博（ギャンブル依存症）の恐れがある。

Henry R. Lesieur, Ph.D. Understanding Compulsive Gambling

もうひとつ重要なのが、刺激に鈍感になるというゆがみです。

ギャンブルの魅力は、非日常的な興奮を得られることにあります。したがって、やりすぎれば、当然、鈍感になります。当初こそ、10万円勝って喜んでいても、そのうちになんの興奮も覚えなくなり、より強い刺激を求めるようになります。強烈な刺激を受け続けていないとアドレナリンが出ないというのも、やはりフツーではありません。

こうした複合的なゆがみによってつくられるのが、「ギャンブル脳」。ギャンブルに興じているときにかぎらず、なにごともギャンブル的に発想し、運、勘、ヒキを頼る思考です。

ギャンブル脳があぶないのは、当人が気づかないうちに進行しているという点です。

「オレはギャンブル的に発想するクセがついている。気をつけよう」

そういう自覚がないということです。そのせいで、ふとした人生の岐路に立ったときに、無意識のうちにギャンブル的な発想で判断することもあります。

たとえば、転職すべきかどうか悩む。

この人と結婚すべきかどうか悩む。

既婚者が、子どもをつくるかどうか悩む。

脳がフツーに機能している人ならば、目的、状況、自己分析などを踏まえ、進むべき道を判断するでしょう。フツーだからこそ、最善の選択をする確率が高くなります。

しかし、ギャンブル脳はどうか。

ギャンブル依存度のフツー（ワンポイントチェック）

1 ギャンブルで仕事や勉強がおろそかになったことがありますか？
2 ギャンブルで家庭が不幸になったことがありますか？
3 ギャンブルであなたの評価が下がったことがありますか？
4 ギャンブルをしたことで自責の念を感じたことがありますか？
5 借金を払うためや、お金に困っているという理由でギャンブルをしたことがありますか？
6 ギャンブルによって意欲や能率が落ちたことはありますか？
7 負けたあと、なるべく早く取り戻さなければと思ったことはありますか？
8 勝ったあと、すぐ戻ってもっと勝ちたいという衝動を感じたことはありますか？
9 お金がなくなるまでギャンブルをすることがよくありましたか？
10 ギャンブルの資金のために借金をしたことはありますか？
11 ギャンブルの資金のために、自分や家族のものを売ったことはありますか？

おそらく、リターンの大きさに目がくらみ、本来の目的が見えなくなります。刺激の強さ重視で、

「こっちのほうがおもしろそうだ」

と判断するかもしれません。運、勘、ヒキを信じて、まわりの状況をみずにつき進んでしまうこともあります。エキサイティングな人生かもしれません。でも、フツーではない。こういう判断をくりかえしながら、人生は破滅の方向へ近づくのです。

ギャンブル脳をつくるのはギャンブルです。国民の2割にあたる競馬ファン、28兆円のパチンコ産業を支えているファンなどは、すべてギャンブル脳の持ち主か、その予備軍です。

身近なところでいえば、宝くじのファンにも、ギャンブル脳の危険があります。

宝くじは、毎年国民の6割以上が参加している、もっともポピュラーなギャンブルです。参加率で2位の数字選択式くじ（ナンバーズ、ロト）が26％であることを踏まえると、とびぬけて人気が高いことがわかります（エンタテインメントビジネス総合研究所「全国ギャンブル型レジャー参加実態とカジノに対する意向調査」05年）。

宝くじを買えば、当然、

「3億円あたったら、こうして、ああして……」

と、夢が膨らみます。そういう想像を楽しませてくれるのが宝くじの魅力であり、

●宝くじのフツー
日本初の宝くじが発売されたのは1945年。1968年に1000万円だった1等賞金も、1996年に1億円になり、1999年に2億円となった。また2000年には法定当選金が4億円の「ロト6」が発売されるなど、宝くじ当選金は高額化。2006年度の宝くじ販売実績額は1兆938億円。累計額は19兆3179億円に達した（「財団法人日本宝くじ協会」）。


「ああ、当たらなかった。さて、仕事を頑張ろう」

と現実に戻るのが、フツーの人の楽しみかたです。

しかし、ギャンブル脳は、そう考えません。

「宝くじを買っている7500万人は当たらなくても、自分だけは当たるだろう」

そう思ってしまう。3億円当たることを前提に人生設計をし、仕事にも勉強にも熱が入らなくなる。自分に都合のいい要素しかみえなくなり、確率、因果、ものごとの道理といったものをすべて超越するのです。

フツーとはなにかといえば、冷静に判断し、現実的に考えることです。

具体的にいえば、ジャンボ宝くじで3億円が当たる確率（1000万分の1）よりも、交通事故で死亡する確率のほうが、500倍くらい高いことに気づくこと。それを踏まえ、

「めったなことでは当たらないだろう」

という感覚を持つことです。

ギャンブルは、庶民、つまりフツーの人に夢を提供します。しかし、人間、夢だけでは生きていけませんから、現実をみる必要もあります。夢を想像して楽しむ。一方で、しっかりと現実を踏まえる。フツーをきわめるうえでは、そのスイッチが、いまどちらに入っているのか把握できなければなりません。そのスイッチを自在に切り替える力も必要です。

だから、なにごともまんべんなくできる人になれる。

それができないから、いい年して夢を追いかけるフリーターとか、理想の彼女を探して生涯独身ですごす人とか、一発当てることばかり考える人になるのです。

ギャンブル

「なにかやろう」ではなく「なにもしない」

人は、景気が悪くなるほど、ギャンブル脳になります。08年からの不況でも、

「派遣村ができた」

「あのトヨタですら業績を落とした」

「マズい、ヤバい、なんとかしなきゃ」

という危機感が、ギャンブル脳を刺激します。

個人の生活でみると

「こうなったら一発当てるしかない」

と考えるのは、たいてい通帳の残高が底をつきかけている人です。給料が下がり、ボーナスがなくなり、生活水準が下がると、

「宝くじ、当たらないかなあ」

と期待するようになる。状況や環境が悪くなるほど、

「一か八か、やってみよう」

●宝くじ売上金のフツー

宝くじの売上げは、どのように使われるのか。約45～55％が「当選金」として当選者に、約40％が収益金として発売元の地方自治体に、残りが販売手数料や広告費になる。宝くじの控除率（払い戻し金から引かれるお金）は競馬や競輪、競艇の約25％よりも圧倒的に高い。宝くじはもっとも割の悪いギャンブルなのだ。

ギャンブル脳のフツー

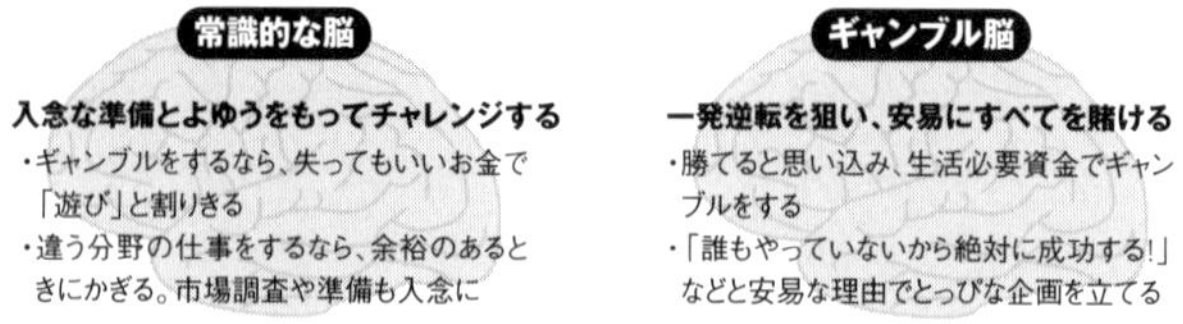
常識的な脳
入念な準備とよゆうをもってチャレンジする
・ギャンブルをするなら、失ってもいいお金で「遊び」と割りきる
・違う分野の仕事をするなら、余裕のあるときにかぎる。市場調査や準備も入念に
ギャンブル脳
一発逆転を狙い、安易にすべてを賭ける
・勝てると思い込み、生活必要資金でギャンブルをする
・「誰もやっていないから絶対に成功する!」などと安易な理由でとっぴな企画を立てる

と思います。

ここに、落とし穴があります。景気が悪いときほど、フツーの感覚をもって、ギャンブル脳を抑制しなければなりません。

ギャンブル脳による発想が成功しやすいのは、たとえば、世間が豊かで、市場にお金があまっているときです。こういうときは、ギャンブル的発想で、あぶく銭が手に入る確率が高くなります。バブル期に株（株も立派なギャンブルです）でもうける人が多いのがその典型です。

あるいは、自分の生活環境によゆうがあるときにしか、ギャンブルをしてはならないともいえます。よゆうがあれば、多少の失敗をしても被害が少なくてすみます。しかし、よゆうがないときのギャンブルは、破綻と紙一重。金銭的な破綻は、資本主義社会では死を意味します。この紙一重の紙一枚が、フツーの感覚なのです。

では、景気や個人の状況が良くないときには、なにをするべきなのか。

答えは、「なにもしない」です。厳密にいうと、「よけいなことをしない」です。

状況が悪くなるほど、世間は、

「なにかしろ」

「どうにかしろ」

とハッパをかけます。

「動け、動け」

と尻を叩き、ジタバタすることが打開策につながると考えます。その先に、

「ギャンブル脳で動く」

という危険な行動が待っています。


しかし、「なにかする」のが戦略なら、「なにもしない」のも戦略。よけいなことをしないことが、結果としてうまくいくことも多いのです。


市場においても、業績が悪くなるほど、とっぴな発想をして一発当てようと考える人がいます。野菜を売っていた人が、とつぜん肉を売り始めたりします。これもギャンブル脳が働く結果。世間はそれを、

「意外な発想力だ」

ともてはやしますが、しかし、大きなまちがいです。ある日ふと肉を売りはじめたところで、うまくいくはずがないのです。

会社においても、

「いまなら一発当てられる」

「いいこと思いついた」

という人がいます。こういう人が、ただでさえ悪い状況をかき回し、よけいな仕事を増やし、状況をさらに悪くします。本来であれば、

「しっ！　じっとしてろ」
と、注意してやらねばなりません。よけいなことをするから、欠点をなくし、なにごともまんべんなくできる状態をつくるために費やすべき労力（やコスト）がムダになるのです。

ギャンブル脳で動く人は、バブル期や、戦後のドサクサのようなフツーでない状況でこそ、役に立つことがあるかもしれません。しかし、いくらフツーの経済状態ではないといっても、まだまだ飢え死にするような人がいるわけではない現代では、彼らはほとんどの場合において、無用なのです。

運動

便利になるほど不健康になる

最近は、健康維持を目的に、「運動」を趣味にする人も増えています。ある意味で、これは自然な流れといえるかもしれません。というのも、われわれは運動不足になりがちな環境に生きているからです。

たとえば、階段をのぼって息が切れる。

朝、起きるのがつらい。

理由はわからないけど、膝が痛い。

●1日1万歩のフツー
成人男性の一般的な歩幅は約70～75cm。1万歩を達成するには、約7～7・5km、1時間半程度歩けばよい。通勤や仕事で3000歩程度歩くとしても、何も運動をしない人の場合、プラス1時間程度のウォーキングが必要である。

体調不良や、つらさ、痛みというのは、身体が発する「健康がおびやかされている」というメッセージです。脳はウソをつきますが、身体はウソをつかない。そこに耳を傾けるのは、フツーのことです。

ところで、なぜわれわれは運動不足になったのか。

かんたんにいえば、「便利」になったからです。

たとえば、どこに行ってもエレベーターやエスカレーターがあります。なんでも配達してくれますし、あらゆる用事が目の前のパソコンや手の平の携帯でかたづきます。社内でも、わざわざ上司の席に出向く必要がなく、メールで報告できます。便利になるということは、できるだけ動かず、できるだけ座ってすごせるようになるということです。

結果として、「歩く」という日常生活のなかでもっとも初歩的でかんたんな運動をしなくなりました。「健康日本21」は、１日あたりの目標歩数を男性９２００歩（女性８３００歩）と定めていますが、厚生労働省の調査によると、歩数の平均値は、男性７３２１歩（女性６２６７歩）。ある編集者は、１日歩数計をつけて測定したところ、わずか２０００歩しか歩かなかったそうです。まるでカブトムシみたいな体型をしていますが、なんら不思議ではありません。

世のなかの利便性は、ここ数年で飛躍的に向上しました。それはつまり、

「これくらいの運動量がフツーだろう」

●運動のフツー

過去1年間になんらかのスポーツを行った人は、30～40代で男女ともに70％前後。この年代で参加率が高いのは、30代で「野球」「つり」、40代で「ゴルフ」「水泳」など。ただし、20年前との比較では、サッカーが微増しているのを除いて、全スポーツ種目において、行動者率が低下している。便利な世のなかになる一方で、運動する機会が減れば、メタボが増えても当然といえるだろう（総務省「社会生活基本調査」06年）。

●睡眠時間のフツー
一般的な睡眠時間は、個人差はあるが6〜8時間の場合が多い。睡眠時間7時間の人が長生きするというアメリカの調査もある。NHKが行った「国民生活時間調査」（05年）によると、日本人の平日平均睡眠時間は7時間22分。年代別では、男女とも30〜50代が睡眠時間が短く、若年層や高齢者の睡眠時間が長い。睡眠が不足したときにもっとも低下するのは集中力で、計算能力、記憶能力、連想能力などはあまり低下しない。

と思っている以上に、運動を意識しなければならないということです。生きるということはそれなりにむずかしいことですが、フツーに運動をして、健康を維持しながら生きるということは、それ以上にむずかしく、努力を要するのです。

もっとも、健康維持を目的とするのであれば、スポーツジムに通う、皇居のまわりを走るといったことだけでは、本質的なとり組みにはなりません。生活は、適度に運動すること以外にも、食べる、寝るといった要素で成り立っているからです。

どうせ運動を趣味にするなら、いっそ健康を趣味にしたらどうでしょうか。

健康的な生活を定義するとすれば、

「1日3食、バランスよく食べ、運動をし、十分な睡眠をとる」

ということになるでしょう。ひとことでいえば、規則正しく生活するということです。

さて、あなたの生活パターンはフツーといえるでしょうか。

そうとはいえないでしょう。

食パンをかじるだけのあわただしい朝に、食生活を見直すよゆうはありません。仕事を終えて帰宅すれば、運動する力ものこっていないし、十分な睡眠をとる時間もありません。

データにも、それが表れています。厚生労働省の調査によると、30代男性の8％が、午後11時以降に夕食をとっており（世代別でもっとも多い）、20代男性の3割が朝食をとっていません。日常生活で1日60分以上運動（歩く、自転車に乗るなどを含む）を「していない」人は、30～40代男性の半分以上。直近1年間に、何らかのスポーツを「行っていない」人は、男性の30％（女性は40％）におよびます。

食生活についても

「これくらいがフツーだろう」

と思っている以上に、フツーを気にかける必要があります。

たとえば、日常的に運動量が不足しているわけですから、日常的に食べなくてもエネルギーは足ります。夕食よりも、エネルギーが消費されやすい朝食をしっかりとる必要があるかもしれません。朝食をとるためには、睡眠時間を考慮して、早く仕事が終わる日には早く帰るという心がけも必要です。

つまり、われわれの健康は、

「運動しよう」

「野菜を食べよう」

といった部分的なとり組みではなく、全面的な改善が必要だということ。フツーをきわめることとは、ある部分に特化して優劣がつく状態を目指すのではなく、欠点がなくまんべんなくできる状態を目指すことであるというのは、ここまでに何度か述べた通り。食べる、寝る、適度に運動するといった全体をみて、複合的にとり組む視点を持つことが重要なのです。

●食のバランスのフツー
バランスのよい食事をとるには、PFCバランスを意識すること。三大栄養素であるたんぱく質(protein)、脂質(fat)、炭水化物（carbohydrate)の比率を、15％：25％：60％にし、野菜や果物でビタミンを、きのこや海藻でミネラルを補給する。

日本人の死因のフツー

1位	悪性新生物（がん）	30.4％	6位	自殺	2.8％
2位	心疾患	16.0％	7位	老衰	2.6％
3位	脳血管疾患	11.8％	8位	腎不全	2.0％
4位	肺炎	9.9％	9位	肝疾患	1.5％
5位	不慮の事故	3.5％	10位	慢性閉塞性肺疾患	1.3％

厚生労働省「人口動態統計」06年

腹が出てきても気にすることはない

そういう視点でみていくと、「メタボ解消」のために運動をするというのも、複合的な視点に欠けるといえるかもしれません。趣味として、「腹筋ばかり鍛えたい」というのであれば、それは個人の自由ですが、そういうとり組みが、フツーをきわめるうえで重要な複合的な視点を持つことに悪影響をおよぼすのだとしたら、それは問題です。

メタボといえば、「腹囲85センチ」という診断基準があることは、いまでは誰もが知っている通り。中年になるほど増えるメタボ談義は、

「オマエ、ウエスト何センチ？」

「87」

「やばいなあ。メタボじゃん」

といったものがほとんどです。そういったところから、運動を始め、あるいは趣味にする人も少なくないでしょう。しかしこれは、「メタボ＝腹囲85センチ以上」であり、「メタボ＝肥満」というイメージで定着しつつあることを指しています。

ここで、暴言をひとつはいてみたいと思います。

85センチなんていう基準は、あまり気にしなくていいのです。

年をとれば、腹筋が弱くなり、姿勢も悪くなります。すると、自然と腹が出ます。それは、フツーのことです。むしろ、筋肉質な中年のほうがフツーではありませんし、腹囲60センチ台で、ガリガリの中年は、それはそれで、なにか別の病気かもしれません。

また、メタボとは本来、内臓脂肪の蓄積、脂質の異常、高血糖、高血圧などが「重なった」状態を指します。「重なる」ことにより、健康リスクが高くなり、脳梗塞、心筋梗塞などが発症する可能性が高くなります。

したがって、腹が出るというのは、健康リスクが高いことを示すひとつの兆候にすぎません。85センチという数値についても、これは日本人男性の平均腹囲であり、年齢や身長によって個人差がありますから、一律85センチでメタボかどうか判断するのは、安直であり、危険です。

世界を参考にしてみると、肥満大国のアメリカでは、男性が102センチ、女性88センチをメタボの腹囲基準としています。また、世界には各国の文化や人種ごとの特徴を踏まえて、複数のメタボ基準があるわけですが、国際的な統一基準の必須条件には、腹囲の診断が含まれていません。

なぜかといえば、メタボは、肥満の人ほどなりやすいといえますが、肥満の人だけがなるとはかぎらないからです。実際、日本には、肥満でないにもかかわらず、生活習慣病を患っている人がたくさんいます。厚生労働省の調査によれば、40～74歳男性で、2人に1

●死因のフツー
スウェーデンで男性を対象に1970年より32年間にわたって追跡した調査によると、死亡の危険因子ベスト5は、喫煙（1・92倍）、糖尿病（1・64倍）、高血圧（1・55倍）、メタボリック症候群（1・36倍）、高コレステロール血症（1・10倍）。

人（女性は5人に1人）がメタボかその予備軍にあたるそうですが（厚生労働省「国民健康・栄養調査」07年）、健康リスクが高い人は、さらに多いかもしれない。

健康維持という点でいえば、

「85センチ未満だから大丈夫」

と、部分だけを切りとって安心の根拠にしてしまうことが、じつはもっとも危ない。本当の意味での健康維持を考えるのであれば、腹囲をはかるより、フツーの生活、つまり、食事、運動、睡眠といった複合的な生活パターンを意識することのほうが、はるかに重要なのです。

いまの日本人に欠けているもの

フツーという点でみていくと、健康維持について、もうひとつ非常に重要なことがあります。それは、

「自分の身体のことは自分で管理する」

という考えかたです。かんたんにいえば、自己管理や自己責任という考えかた。これがフツーとして身についていない結果が、2人に1人がメタボ（やその予備軍）という現状ではないでしょうか。

BMI判定

BMIとはBody Mass Indexの略で、身長と体重から求める国際的な体格の判定方法。

18.5以下	やせ
18.5〜25.0未満	正常
25.0〜30.0未満	軽度肥満
30.0〜35.0未満	中等度肥満
35.0〜40.0未満	高度肥満
40.0以上	超高度肥満

※標準値は22

BMI計算式

$$\text{BMI} = \frac{\text{体重(kg)}}{\text{身長(m)} \times \text{身長(m)}}$$

われわれはいつからか、自分の身体の管理を人任せにするようになりました。

日本では08年から、企業において「メタボ検診」が始まりました。被扶養者を含む40〜74歳の医療保険加入者全員を対象に、メタボかどうかの診断を行い、メタボやその予備軍であった場合には、保健指導を行うという制度です。ようするに、本来、自分で管理するべき個々の健康に、企業や国が関与するようになったということです。

こういう現状が、フツーのゆがみです。

アメリカと比較してみると、ここは成人の3人に1人が肥満という国ですが、一方で、自己管理と自己責任を問う国でもあります。アメリカには公的な健康保険がありませんので、肥満が原因で病気になれば、医療費の負担（と健康リスク）を背負うのは基本的に個人です。

「太っている人が出世できない」

といわれるのも、自己管理能力を問うためです。実際、一部の民間企業には、ＢＭＩ値が30以上の従業員に罰金を課す制度があります。アメリカの代名詞ともいえる「個人主義」は、自分のことは自分でやり、できないこと（たとえば健康管理など）があれば、その結果や責任も自分で背負いこむという考えかたのうえに成り立っているわけです。

自己管理能力を問うのは、アメリカだけではありません。むしろ、民主主義の先進国ではきわめてフツーのことです。

世界の肥満のフツー
（肥満（BMI30以上）人口が多い国）

1位	アメリカ	32.2%
2位	メキシコ	30.2%
3位	イギリス	23.0%
4位	ギリシャ	21.9%
5位	オーストラリア	21.7%

※日本はわずか3%。 OECD「Health at a Glance 07年」

たとえば、ニュージーランドでは、外国人の就労者にビザを発行する際、健康診断書の提出を義務づけています。その際、肥満かどうかも審査されます。理由は、肥満の人を国内に受け入れると、国の医療費がかさむため。過去には、イギリス人技術者の夫婦に対して、肥満であることを理由にビザの発行を拒否したケースがあります。

イギリス（OECD諸国ではアメリカ、メキシコに次ぐ肥満国）の大手保険会社は、BMI値が30以上の加入者に対し、保険料を5割増しにしています。つまり太っているのは自分の責任なのだから、自分の尻は自分で拭いなさいということ。太りすぎて尻に手が届かない人は、他人に尻拭いさせるのだから、一定の負担を背負いなさいということです。

一方、日本はどうか。

かつては団体主義で、お互いに助け合って生きてきた日本も、アメリカの影響を受けて、だいぶ個人主義に変わりました。しかし、もっとも肝心な、

「自分のことは自分でやる。できないことがあれば、その責任は自分で背負いこむ」

という点は、放ったらかし。自分中心、自分優先で、個人の幸せを追求する一方で、太って病気になったら、国の健康保険制度で助けてもらおうという、非常に身勝手な考えかたになっているわけです。

厚生労働省の試算によると、現在28兆円かかっている医療費は、２０２５年に56兆円になるのだとか。国が「メタボ検診」を行い、メタボを執拗に敵視する背景には、肥満で病

気になる人を減らし、医療費を抑えようという目的があるわけですが、そこまでしなければならなくなったのは、自己管理と自己責任というフツーの感覚がゆがんだからなのです。

「太るのはオレの勝手。オレが苦しむのだから、とやかくいわれる筋合いはない」

そういう人もいます。しかし、とんでもない話です。そういう人が病気になった際にかかる医療費は、自身の健康管理ができるフツーの人が負担しているのです。

日本はやさしい国ですから、身勝手に太った人も弱者と位置づけ、助けてあげます。しかし、そういう時代もいつまで続くかわかりません。近い将来、世界の先進国のように、個々に責任を問うようになるかもしれません。おそらく、そうなるでしょう。

そういう時代のなかで、よけいな医療費や保険料を払うことなく、生きていけるのは誰か。世間から嫌われることなく、堂々と生活できるのは誰か。

いうまでもありません。太っていない人と、太らないよう気をつけている人。つまり、自己管理ができ、欠点なく、なにごともまんべんなくできる、フツーをきわめた人です。

●貧乏人のフツー
アメリカをはじめ各国の統計で、所得と肥満率は反比例している。飽食の現代社会では、低所得者は安価で高カロリーなファーストフードや加工食品を大量にとり、高所得者は野菜や果物の多い良質で健康的な食事をとるという現象が起こる。アメリカなどではファーストフードのチェーン店は低所得者の居住地域に多く、低カロリーの日本食レストランなどは高所得者の居住地域に多いという。

考えかた

下世話上等で趣味を持つべし

あらためていいますが、趣味は、そのいくつかは健康維持や体力向上に寄与しますが、基本的には、精神的な満足感、精神面での健康に寄与する役目を持ちます。

●ストレスのフツー
働いている人を対象に、日頃、ストレスを感じるか聞いた調査によると、「ストレスを感じる」（「とてもストレスを感じる」と「ややストレスを感じる」の合計）と回答した人は58%。原因は、「収入や家計」「仕事や勉強」「職場や学校における人間関係」が多い。

個人の自由の範疇《はんちゅう》であり、個人で楽しむうえでは、フツーを気にしなくていいというのも、個人の精神面での健康が第一だからです。夜な夜なゲームと格闘するもよし。首都高をグルグル走るもよし。他人にはくだらないおもちゃにしか見えないものを集める人もいますが、他人が理解できないからこそ、趣味だともいえます。ストレスフルな日常のなかで、フツーの精神状態を守りぬいていくためには、趣味は、持つことが重要だともいえるでしょう。

では、世間はどのような趣味を持っているのか。

調査によると、過去1年間になんらかの「趣味・娯楽」を行った人は、85%だそうです。これを年代別にみると、10〜14歳が94%でもっとも高く、年齢が高くなるにつれ、低下していることがわかります（総務省「社会生活基本調査」06年）。つまり、年をとるほど、趣味がなくなる。

じつは、ここが問題です。

趣味とはつまり、「人生の遊び」なわけですが、若い人なら、ただでさえ遊ぶ時間がたくさんある。むしろ、趣味が必要なのは、仕事で忙しくしている大人ではないでしょうか。はたして、全体の15%にあたる「無趣味」あるいは「趣味に消極的」な人は、どうやってストレスを解消しているのか。もしかしたら、ストレスをため込んでいるのではないか。

趣味は、ストレスから解放され、個人の時間と空間にひたれる唯一の逃げ場といえます。息抜きであり、ガス抜きでもあります。働く、食べる、稼ぐ、寝るというだけに終始する人生がフツーのはずがありません。そういう人生でストレスがたまっていくのだとすれば、それは自分でどうにか解消するものであり、フツーに生きるために必須であるともいえるでしょう。

「やりたいこともないし、興味があることもないし」

というのであれば、それはすなわち、機械仕掛けのような毎日で、人生ののこり時間を減らし続けていることに気がつかなければなりません。趣味は、見つかるものではなく、見つけるものです。手間でも、面倒でも、見つけなければなりません。それが、人らしく生きるうえでフツーのことだからです。

「仕事が忙しくて時間がない」

というのであれば、後輩などに仕事をふるなり、なにごとも自分で抱えこむ性格を変えるなりして、なんとかしてでも趣味や趣味になりそうなタネを探すことが、フツーの人生への第一歩ではないでしょうか。

いまのうちから、人生のなかに遊びの要素を入れる練習をしておかなければ、40代、50代と老いるほど、ますます遊びかたがわからなくなります。人生ののこり数十年を、ずーっと引きこもっていくことになります。

あるいは、遊びかたを知らないばっかりに、老いてからとつぜん女遊びに狂ったり、スポーツカーを買い、動かしかたがわからず、楽しくないので売るということもあります。

●趣味の時間のフツー

NHK「国民生活時間調査」（2005）によると、日本人が趣味・娯楽・教養（インターネットやスポーツを除く）に使う平均時間は平日25分、土曜41分、日曜48分。平日では10代男性がもっとも多く47分、もっとも少ないのは50代男性の13分。

趣味のフツー（過去1年間に1回以上行った趣味・娯楽）

1位	音楽鑑賞（CD・テープ・レコード）	52.4%	6位	テレビゲーム、パソコンゲーム	33.0%
2位	映画鑑賞（DVD・ビデオ）	45.9%	7位	カラオケ	31.8%
3位	読書	41.9%	8位	園芸・庭いじり・ガーデニング	28.2%
4位	映画鑑賞	37.3%	9位	写真の撮影・プリント	27.3%
5位	遊園地、動植物園、水族館へ行く	34.5%	10位	美術鑑賞	18.5%

総務省「社会生活基本調査」06年

ゲームが好きなのか、運動が好きなのか、そんなことは、やってみなければわかりません。世のなかのあれこれは、やってみなければわからないことがほとんどです。

やってみる。楽しむ。楽しくなければやめる。そして、別のことをやってみる。

趣味と向き合うフツーの姿勢は、このくり返しに尽きるといってもいいでしょう。

当然ながら、

「人に自慢できることを趣味にしたい」

なんて考える必要はありません。「高尚な趣味」なんてものもありません。無理してフラメンコを踊ったところで（フラメンコが高尚かどうかはわかりませんが）、楽しくなければ意味がないのです。

おそらく世間は、

「映画鑑賞と読書が趣味です」

といいます。前述の調査でも、参加率の高い趣味の2位が「映画鑑賞（ＤＶＤを含む）」で、3位が「読書」です。

ただし、その実態は、エロＤＶＤの鑑賞であり、マンガを読んでいるだけかもしれません。趣味というものの本質が、きわめて個人的な活動であり、精神的な満足を得ることだと踏まえれば、世間の人が持つ趣味なんてものは高尚であるはずがなく、たいてい下世話なものでしょう。

しかし、下世話上等。

重要なのは、趣味を持つことであり、息抜き、ガス抜きすることですから、他人に迷惑をかけなければ、なにをしようと個人の自由なのです。

旅行

「知る」だけではわからないこと

数ある趣味のなかでも、旅行はとくに息抜き効果が高いものといえます。環境を変えるということは、すなわち気分転換です。

一方で、最近は、

「家から出たくない」

「お金をかけたくない」

「めんどうくさい」

といった理由から、映画鑑賞や読書のほか、ゲーム、マンガといったインドア系の趣味に走る人が増えています。しかし、身体を動かすことがストレス解消になることもあります。精神面での健康維持という点では、休息よりも、むしろ行動して、充実感を得ることが重要ともいえます。

データによれば、1人あたりの年間国内旅行回数は1・73回（国土交通省「観光白書」06年）。年に2

●海外旅行のフツー

過去1年間に旅行をした人は、35～39歳がもっとも多く、84％。旅行内容は、日帰り旅行が60％ともっとも多く、海外旅行は9％。趣味としての旅行は男性よりも女性のほうが参加率が高いが、男性は、とくに30～49歳までの間で、国内外への業務出張が多い。この年代の出張経験率（過去1年）は、国内が35％前後。海外が7％前後（総務省「社会生活基本調査」06年）。

日本の世界遺産

文化遺産		日光の社寺	栃木
法隆寺地域の仏教遺跡	奈良	琉球王国のグスク及び関連遺跡群	沖縄
姫路城	兵庫	紀伊山地の霊場と参詣道	和歌山
古都京都の文化財	京都	石見銀山遺跡とその文化的景観	島根
白川郷・五箇山の合掌造り集落	岐阜・富山	自然遺産	
原爆ドーム	広島	屋久島	鹿児島
厳島神社	広島	白神山地	青森・秋田
古都奈良の文化財	奈良	知床	北海道

回くらいは生活環境を変える機会を持たなければ、ストレス過多の毎日をフツーの精神状態で乗り切ることはできません。

旅行には、ストレス解消以外の効果も期待できます。旅行とはなにかといえば、知識以上のものを得るための手段だからです。

たとえば、日本には14カ所の世界遺産があります。それがどんなものであるかは、新聞、インターネット、テレビを通じて知ることができます。しかし、知識だけでは語れないことがあります。だから、われわれは実際にその場に立ち、みたり、さわったり、空気のにおいや温度を感じたりします。日本は縦長ですので、北海道が寒く、沖縄が暖かいことは知っています。しかし、どれくらい寒く、どれくらい暖かいのかは、実際に行ってみなければわかりません。つまり、「知る」と「感じる」のちがい。知識を増やしても、感性は磨けないのです。

ようするに、世のなかには、経験してみなければわからないことがあるということです。「死」がなんであるかは、たいていの人が知っています。しかし、「死」がどんなものかは、身近な人を亡くすなどしたことがある人にしかわかりません。１０００万円の使い道を想像することと、実際に１０００万円を手にして、使ってみるのともちがう。教科書には理屈上でのフツーが定義してありますが、われわれが現実に経験するフツーは、それと異なることもあります。

旅行は、知ることと経験すること、想像することと行動すること、理屈と現実との間にあるギャップを、自分なりに埋めて、自分なりに修正する手段なのです。

フツーをきわめるためにも、外に出なければなりません。というのも、自分の身の回りで通用するフツーが、必ずしも他人のフツーとはかぎりません。活動範囲を広げ、未知を既知に変えていく作業が、フツーをきわめるために欠かせないからです。

たとえば、アメリカに行けば、大きなお尻の黒人のおばさんがあちこちにいます。

「なるほど、アメリカ人は肥満だ」

と、この目でみるから、納得度も深くなります。中国に行けば、道路のあちこちが傷んでいます。その道を歩いてみるから、あらためて、日本の道路がきれいだと感じます。

当然、彼らはそれがフツーだと思っているわけですが、日本に住むわれわれにとっては、フツーじゃない。フツーじゃないから違和感があり、発見がある。それが、自分のフツーに疑問を持ち、じつはそれがフツーでないことに気づいたり、新たなフツーの概念を築いたりするきっかけになるわけです。

ところが、海外旅行をしたことがない人も、意外とたくさんいます。パスポートを持っていない人も多い。

日本旅行業協会の調べによると、20代男性の61％、30代男性の48％が、有効なパスポートを持っていません。つまり、

●パスポートのフツー

30代男性のパスポート（有効なもの）保有率は52％。世代別の平均でもっとも高いが、それでも半分程度。全世代のパスポート保有率は45％である。また、海外旅行回数では、「行ったことがない」がもっとも多く、38％。一方で、75％が、「海外旅行に興味がある」と答えている（日本旅行業協会）。興味はあるけど、行かない（行けない）という実情がうかがえる。

海外旅行者のフツー（行き先TOP10）

1位	中国	6位	香港
2位	韓国	7位	台湾
3位	ハワイ	8位	グアム
4位	米国（本土）	9位	ドイツ
5位	タイ	10位	フランス

（社）日本旅行業協会「旅行統計08年」

「ワインはやっぱりブルゴーニュの……」
とか、
「オバマとブッシュが根本的にちがうのは……」
と、語っている人の約半分が、欧米その他の国に降り立つ資格を満たしていないということです。

グローバルな世界に生きる人として、これはフツーではありません。

まわりにいる仲間を数人集め、誰もパスポートを持っていなければ、それがフツーだと思うかもしれません。それでも一応、世界を語ることはできます。しかし、感覚としては、月をみて、
「あそこにはウサギがいるんだよ」
と想像するのと同じ。想像だけで語っても、想像の域を出ないのです。

われわれが、ＧＤＰで世界2位の国の労働者である点を踏まえれば、海外旅行は、若いうちほど行く価値があります。というのも、海外に行ってあれこれ見聞きし、脳と身体にインプットしたら、それらを、仕事を通じてアウトプットしていくことができるからです。

老いてからも海外旅行はできます。インプットされるものもあります。しかし、アウトプットする機会がありません。定年してから海外に行っても、せっかくインプットしたあれこれは、自分のなかに想い出として蓄積されるくらいで、世のなかの役に立てるチャン

スが少ない。だから、若いうち。アウトプットの手段を持つ人にとって、海外旅行は趣味と実益をかねた活動なのです。

ひとつ注意しておくと、ものごとには優先順位があります。

「旅行に出よう」

というのは、旅行する機会が少ない人にとっては重要なことですが、すでに平均値レベルで旅行に出ている人にとっては、そこまで重要ではありません。

「なにかやろう」

と思った際に、「やること」を紙に書き出してみれば、おそらくそのリストには「やりたいこと」と「やるべきこと」が混在するはずです。

優先するのは、当然、「やるべきこと」です。それが、欠点を補い、なにごともまんべんなくできる人になる道だからです。つまり、旅行に出るのは、社会人としての本質に関わる教養を身につけることが目的であり、ちょくちょく旅行に出ているのであれば、旅行の回数を増やすよりも先に、「やるべきこと」があるかもしれません。運動も少しはしたほうがいいし、苦手なことがあれば、それに挑戦してみる必要もある。

「やりたいこと」ばかりやっていくほうが楽しいに決まっていますが、しかし、それではフツーはきわめられません。かたよりが生じます。旅行には詳しいけど、社会人としての常識がない人になりかねない。優先順位をまちがうと、オタクになるのです。

●雑誌のフツー

出版科学研究所によると、1カ月あたりの雑誌の購入数は、「1冊」が27%、「2～3冊」は20%、「4冊以上」は10%ほど。もっとも多かったのは、「購入しない」の40%である。そのなかでも、よく読まれているジャンルが、「女性ファッション」「家庭情報・料理」「PC、インターネット関連」「ビジネス・実用」など。男性では、週刊マンガ雑誌を読んでいる人がもっとも多いようだ。

服飾は思っているほど自由じゃない

服飾というのもひとつの趣味です。

趣味とは個人の世界ですから、なにを着ようと個人の自由。なにも着ずに出歩くと逮捕されますが、着ているものが原因で、誰かにとやかくいわれる筋合いはない、というのが法律的な解釈。つまり、理屈上でのフツーです。

これが理屈上である理由は、実際のところ、服飾の自由は、フツーの範囲内にかぎられるからです。

いつの世も、世間は人の外見、つまり髪、着物、履物、持ち物といった要素で、能力、性格、生活水準といったものを推しはかります。外見すなわち正しいプロファイリングではありませんが、見た目で人を「値踏み」するのが、世間一般のフツーです。したがって、

「ヘンな格好」

といわれないためには、フツーの服装がなんたるかをわかっておくことが求められます。

挑発的なメッセージがプリントされたTシャツを着て電車に乗る、真冬に綿のセーターで出歩く、パンツを見せて歩くといったことは、やるのは自由ですが、

「フツーじゃない」

NGビジネスファッションのフツー

ノーネクタイ、チノパン、ジャケット（男性）、ジーンズ、Tシャツ、ポロシャツ、過度の茶髪、ロングヘア（男性）、ミニスカート、ショートパンツ、ノースリーブ、網タイツ、派手なネイルアート、スニーカー、ロングブーツ、サンダル、ミュール、露出の多い服、濃すぎるメイク、シャツのすそを出す、リュック

とうしろ指を指されることになります。

会社での服装は、さらに自由度が低くなります。

どの会社でも、たいてい勤務時の服装規定があります。茶髪はダメ。スーツは黒、紺、グレーのみ。ネクタイ着用。靴は革靴といった規定です。写真入りで規定している会社もありますし、茶髪については、カラーチャートをつくって、このくらいの明るさまでならOKと測定している企業もあります。

悲しいかな、こういう規定が存在するということが、世間のフツーがゆがんできた証拠です。中高生ならまだしも、いっぱしの大人が、仕事をしに会社に出かけるにあたって、なにを着て、なにを着てはいけないのか指示されるというのは、非常に情けない。常識で考えれば、仕事をするうえでふさわしい格好と、ふさわしくない格好とを区別できますが、そういうフツーがゆがんだから、わざわざ規則を設ける必要が出てきたわけです。

海外を参考にすると、たとえばアメリカでは細かくドレスコードを規定している企業が少なくありません。というのも、アメリカは個人主義であり、自由主義であり、会社においては能力主義の傾向が強いため、労働者には根本的に、

「結果さえ出せば、あとは自由」

という考えかたがあります。服装が原因で、注意、解雇、訴訟といった問題が起きた際に、企業の対抗手段として、規則を明文化しておくという必要性もあります。足並みをあ

る程度そろえるためにも、従業員が企業の顔になるという、企業としての根本的な考えかたを具現化するためにも、この国では、なにごとにおいても細かい規定が必要なのです。

「カジュアルデー（カジュアルフライデー）」という概念をつくったのも、アメリカです。

これを受けて、日本でも、80年代後半から90年代にかけて、カジュアルフライデーが輸入されました。ドレスコードの厳しい金融業界でも、さくら銀行（現三井住友銀行）が導入するなど、話題になりました。

じつは、このころから徐々に、日本の服装に関するフツーがゆがみはじめていたのかもしれません。カジュアルフライデーは、本来、

「機能性を高めるとともに、これまでとちがう発想を持って、閉塞感を打破していこう」

というコンセプトのもとに導入されたわけですが、国内のあちこちの企業では、「カジュアル＝好きな服・ラクな服」と考え、Tシャツやジーパンで出勤する人が現れました。ようするに、いまでいうフリーターのような格好ですから、それで、

「大手の会社員です」

というのは無理がある。彼らにはフツーの範囲がわからなかったわけです。

サラリーマンといえばスーツにネクタイという価値観で固まっていたなかに、とつぜん、カジュアルという新しい価値観が入れば、とまどう人もいるでしょう。しかし、フツーの感覚さえあれば、右を見て、左を見て、こんなものだろうと判断できます。大人であれば、

●クールビズのフツー
環境省の発表によると、クールビズの認知度は96%、会社でエアコンの温度を高く設定した割合は43%、二酸化炭素削減量の推計は約１１４万トン(06年度)。ただし二酸化炭素削減量に関してはあくまで推計であり、正確なデータはない。

それくらいの判断ができなければならないともいえます。「横並び」がいいとはいいませんが、常識というのは、横並びを中心につくられていくものなのです。

会社における服装の自由化が進んだいまも、あちこちの会社に服装規定がのこっています。それはつまり、いまだにフツーの感覚を持たない大人が多いということです。

世間は見た目で人を値踏みする。

会社における服飾の自由は、思っているほど大きな自由ではない。

フツーをきわめるうえで重要なのは、この2点に気づけるかどうか前後左右をみて、自分がフツーかどうかを判断し、自分の欠点をみつけられるかどうかです。

ファッション

服飾はどんどん保守的な方向へ

会社員の服装について、時代の変遷という点でみると、バブル期のころは、高いスーツを着て、高い小物を持っている人が、憧れの対象となっていました。「5時から男」というコピーがはやり、誰もが残業することなく、夜な夜な街にくり出していた華美の時代、女性はボディコンスーツで、男性は派手なダブルのスーツで出勤していました。放課後ありきの高校生活のようなもので、会社は、ファッションのお披露目の場であったわけです。

その後、一転して景気が悪くなりますが、一方では、ＩＴ系企業が好況になり、Ｔシャ

●ブランドもののフツー
世界的な不況、円高ユーロ安を受け、2008年には日本市場でも高級ブランドの値下げが相次いだ。カルティエが時計やアクセサリーなどほぼ全商品を平均約10%、クリスチャン・ディオールがバッグなど一部商品を平均8%、ルイ・ヴィトンが大半の商品を平均7%値下げ。また、ルイ・ヴィトンは東京・銀座への大型出店計画を撤回した。

ツやジーンズといったラフな格好をした若手社長があちこちに登場するようになります。

「Tシャツで働いてもいいじゃないか」

「それくらいドラスティックな変化が、日本の企業には重要だ」

会社員の服装の価値観は、そういう方向へとシフトしました。ようするに、個性の時代。自分らしい格好をする人が脚光を浴びるようになりました。必ずしもスーツとネクタイが仕事着の象徴というわけではなくなり、その代わりに、私服への注目度が高くなった。スーツ一辺倒であったアイデンティティーの主張が、私服の分野にまで広がったわけです。

さらに時代は進み、いまは環境の時代です。クールビズ、ウォームビズで、見かけはともかく、実質を問うようになりました。かつてはオシャレや自己主張のアイテムであった服飾が、あらためて、服本来の機能、つまり暑さや寒さから身を守るという機能でみられるようになりました。

こうした変遷からわかるのは、不景気になるにつれ、服飾への意識が低くなるということです。あるいは、不景気になると、服飾が保守的になるということです。

新入社員を対象にした意識調査（産業能率大学「新入社員のビジネスファッション感覚調査」06年）によると、「ブランドにはこだわらない」という回答は79%で、「有名ブランドがいい（22%）」を大きく上回っています。「ビジネスファッションとして認められるもの」の範囲は、「パーマ（36%）」「長髪（27%）」「ピアス（18%）」「チノパン（44%）」で、すべて、10年前の調査から減少しています。

かんたんにいえば、会社員の服飾意識は、「華美の時代」「個性の時代」から一変、会社員として常識的な格好へ「フツー回帰」したということです。

また、オシャレというもののとらえかたも、変わったといえます。

オシャレとはなにかといえば、我慢です。つまり、機能性よりも装飾性。細身がはやりなら、我慢してやせる。動きづらくても、我慢する。服を買うために、その他の出費を我慢する。そういった我慢の積み重ねです。

かつては、会社員の服飾にも、そういう価値観がありました。ボディコンスーツで営業に出回っていた女性が、その典型といえるでしょう。

しかし、少なくとも会社員の服飾については、現在はそれが大きく変わりました。

暑い。だからネクタイを外す。

寒い。だからチョッキを着る。

つまり、実用性重視であり、そういう価値観がフツーになったわけです。

スーツについても、ある民間調査によれば、サラリーマンの7割近くが、「3万円以下」を基準としているようです。すると、高級デパートでは買えませんから、「2着目1円」といった看板を掲げる量販店で購入するようになる。かつてはオシャレのアイテムであったスーツは、仕事をするうえでの「実用品」ととらえられるようになりました。いいものを身につけることや、自分らしい格好をすることが、重視されなくなったということです。

●景気と流行のフツー
景気がよいときは明るい色、景気が悪いときは暗いモノトーンが流行するといわれている。ほかにも景気が悪くなると女性の髪が短くなり、眉が細くなり、スカートが長くなるなどという説もある。

では、なにが重視されるようになったのか。

じつは、仕事です。

ようするに、見かけよりも中身。10万円のスーツを着ていても、1万円しか稼げない人なら、1万円のスーツを着て、10万円稼げる人のほうがいい。長い不況のはてにたどりついたのは、

「会社は仕事をする場所であり、個々を評価するのは仕事以外のなにものでもない」

というあたり前の価値観。そこに回帰したわけです。

調査によれば、サラリーマンはたいてい5着くらいのスーツを持っているそうですから、それくらいは常備しておかなければなりません。単身勤労者の1年あたりの洋服・履物代は、クリーニング代を含めて、平均12万円（家計調査）です。それくらいの支出も必要です。

しかし、それ以下ではみすぼらしくなりますが、それ以上である必要はないのかもしれません。われわれにいま求められているのは、華美であることでも、個性を主張することでもなく、仕事をして、結果を出すことです。趣味として服飾に熱意をそそぐのであれば、その大前提として、フツーに仕事をしているかどうかを客観的に判断する視点を持たなければなりません。その視点を欠いてしまえば、たどりつくのは、

「10万円のスーツ、5着も持っています。無職ですけど」

という未来だということです。

chapter 5

健康

HEALTH

フツーが問われるとき、問われないとき

フツーの逆転現象

フツーには、そのときの世間の価値観が反映されます。世間を映す鏡ともいえます。したがって、時代が変われば、変わらないフツーもありますが、変わるフツーもある。日常生活においては、たばこがその一例といえるでしょう。

ＪＴの調査によれば、20代男性の喫煙率は41％。30代男性は46％（06年）です。40％以上であれば、まだ「フツーの範囲内」といえなくもありません。しかし、１９６０年代後半の喫煙率は、どうだったかといえば、なんと、20代男性で84％、30代で85％でした。つまり当時は、たばこを吸うのがフツーであり、わずか半世紀で、フツーが逆転したわけです。

いま、あなたがたばこを吸うかどうかは、正直なところ、どちらでもいいことです。法律違反になるわけではありませんし、やめたければやめればいい。個人の自由です。

重要なのは、フツーが逆転したことです。

フツーとはなにかといえば、世間がいったん「常識」と認めたことです。それが、ある日を境に「非常識」となり、まったく新しいフツーが誕生する場合、その背景には、世間の大きな変化があるはずです。

喫煙率の推移

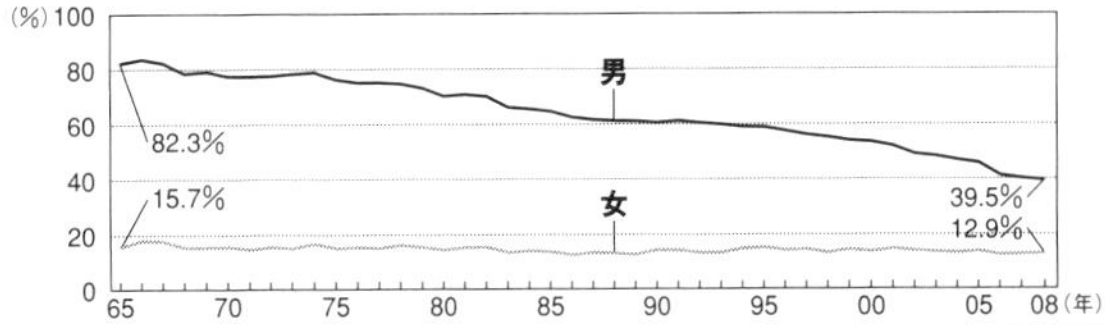

※JT調査

たばこについていえば、これは17世紀に日本に伝わって以来、普及率と消費量を増やしてきました。明治時代には、たばこを国の専売にして、貴重な財源としました。現在は民営化されていますが、それでも、１箱３００円のうち、１８９円が税金（国税、地方税、たばこ特別税、消費税の合計）であり、年2兆円という貴重な財源になっています。

ようするに、江戸幕府よりも長く、４００年以上にわたって存在し続けてきたものが、ここ数十年という短期間で、急激に衰退するようになったということ。

これはなにを意味しているのか。

じつは、たばこの衰退は、大人の男の衰退です。禁煙運動が広がるにつれ、男が居場所を失ったということです。

喫煙がフツーだった60～70年代当時、男は会社、女は家庭という住みわけがありました。男の居場所である会社では、各自の机で喫煙ができ、会議室でもトイレでも、喫煙を制限する場所はほとんどありませんでした。高度経済成長のまっただなかだったこのころ、会社は、男が男らしさを発揮する場所であり、たばこは、日本を背負って働く男たちにとって、数少ない息抜きとして存在していたともいえます。

一方、アメリカでは60年代後半からウーマンリブ運動が起きます。日本でも、70年に第1回ウーマンリブ大会が開かれました。フェミニズムという考え方が生まれたのも、こうした運動からです。やがて、キャリアウーマンという言葉が使われるようになり、85年には男女雇用機会均等法が成立します。

なにが起きたのかというと、女性の社会進出により、会社が男だけのものではなくなったのです。

この当時の女性の喫煙率は、20代で10％、30代で13％ほどですので、当然ながら、吸わない人が会社内に増えて、「煙い」「臭い」「息苦しい」という意見が出ます。社内全域でたばこが吸え、たばこを吸いながらの会議でものごとが決定していくことに、疑問の声もあがります。こういう風潮に押されるようにして、男たちは、会社というホームグラウンドをうばわれていくわけです。

たばこ

たばこを手放した裏側で失ったもの

会社というホームグラウンドを譲った男性は、困りました。たばこを吸える場がなくなってしまったからです。

家庭はすでに女性のホームグラウンドとして確立していますから、男がここで、堂々と一服するわけにはいかない。さらには、70年代前半をピークに出生率が下がっていくなかで、子どもを大事にする文化ができてきました。すると、子どもも外に出ず、家で勉強したり、ゲームをして遊ぶようになります。

世界一タバコが高い国は?

1位	ノルウェー	7.56米ドル
2位	イギリス	6.33米ドル
3位	アイルランド	4.46米ドル
4位	アメリカ	4.30米ドル
5位	オーストラリア	4.02米ドル

厚生労働省「最新たばこ情報」2002

「子どもの健康に悪いから」

ということで、ますます家でたばこを吸うことができなくなり、居場所はさらに小さくなったわけです。

ついでにいうと、子どもを大事にしすぎた結果が、甘やかすことにつながり、中高生が喫煙するようにもなりました。かつては「大人のたしなみ」だったたばこが、「子どものおもちゃ」になったわけです。

ここまでくれば、あとはもう落ちるだけです。

どうにか家庭内に居場所を見つけたいと考えた男性は、ベランダに行きつきます。ここなら、ゆっくりとたばこが吸える。つまりホタル族です。しかし、それは最後のむなしい抵抗だったのかもしれません。実際のところ、ホタル族が現れた80年代の終わりまでに、男は、社会を構成する会社、家、街のうち、2つをうばわれてしまった。のこっている場所といえば、男、女、子どもという3者の共存地域である街だけなのですが、それもいま、女性と子どもにうばわれつつあります。

こうした変遷からわかる通り、男がたばこを手放してきた道のりは、男が威厳、威圧感、存在感といったものを失ってきた道のりです。それがすなわち、たばこというフツーの逆転現象の裏で起きたことです。

それは同時に、男という存在のとらえかたが変わったということでもあります。

男とはなにかといえば、男が「男である」と名乗る資格として、強く、優しくなければなりません。

さて強さはどうなっているのでしょう。

女性のいいなりになる。子どもを叱らない。

それを優しさとは呼びません。

たばこの衰退という表面上の変化の裏で、フツーの男という価値観が大きくゆがんだのです。

世間は、世間が女性と子どもを中心にまわっていることをフツーととらえるようになりました。しかし、女性と子どもだけでは、世のなかは絶対に機能しません。男、女、子どもには、それぞれの役割があるからです。

では、男の役割とはなにか。仕事をして稼ぐことです。家の大黒柱になり、子どもの手本になることでもあります。それが、フツーの男です。

たばこを吸う・吸わないを問わず、男なら、いまいちど、たばこを吸っていたころの男がどういう生き物だったのか、ふり返ってみる必要があるでしょう。

禁煙風潮が強くなり、フツーはどう変わったのか。

なにを失い、なにをとり戻すべきなのか。

フツーの逆転現象が起きると、その裏で、少なからず失われたり、軽視されるようになる価値観が出てきます。もしかしたらそこに、欠点なく、なにごともまんべんなくできる人を目指すための要素が含まれているかもしれません。失ったり、軽視してはいけない価値観があるかもしれない。そこをみのがさないよう注視するのも、フツーをきわめていくうえで大切なことではないでしょうか。

たばこ

たばこと環境破壊は社会悪になった

禁煙運動がさかんになり、喫煙者は、いよいよ社会のすみ、つまりホームのすみ、会社のフロアのすみ、公園のすみへと追いやられるようになりました。

ところで、なぜここまで、たばこが敵視されるようになったのでしょうか。その背景にも、じつはフツーが関係しています。

映画には、よくこういうシナリオがあります。

ある番長と、別の街の番長がいがみあっている。そこに、どちらかの番長の妹が出てきて、じつは彼女が重い病気であり、しかし、面倒をみてくれる医療機関がない。お金もない。そういう現状に困窮しているところに、敵対していた番長が手を貸し、なんとか事態を乗り切ろうとする。そのうちに、友情が芽生えたりするというシナリオです。

あるいは、番長同士のいがみあいではなく、ある中年の父親に娘がいて、彼女のボーイフレンドといがみあっているシナリオでもいいでしょう。そこに、地球破滅の危機が訪れる。そこで父親と娘のボーイフレンドが協力し、やはり事態を乗り切ろうとする。その過程で、信頼が生まれたりする。

さて、こういうシナリオに共通しているのはなんでしょうか。

「ものすごく大きな、共通の敵」がいるということです。

番長のほうの話では、病気という敵がいます。あるいは、悲運といったものかもしれません。中年の父親のほうは、これはまぎれもなくアルマゲドンの設定ですが、隕石という敵があります。あるいは、宿命というものかもしれません。

なにがいいたいのかというと、「社会悪」として、大きな共通の敵が存在すると、小さないがみあいがなくなる場合があるということです。

現実の世界にも、こういう大きな敵が存在します。環境破壊がそのひとつです。

グローバル化が進み、世界のあちこちに異なる価値観や思想を持つ国が存在していることが明らかになると、当然ながら、いがみあいが起きます。いがみあいというレベルではすまされない、大きなテロや戦争も起きます。なぜかといえば、お互いがフツーだと思っていることが共有できないからです。

先進国内においても、各国の利害は基本的に一致しません。誰かがもうかれば、誰かが損をし、誰かがもっともうけたいと考えるのが外交です。

タバコによる世界の死亡者数(2005)

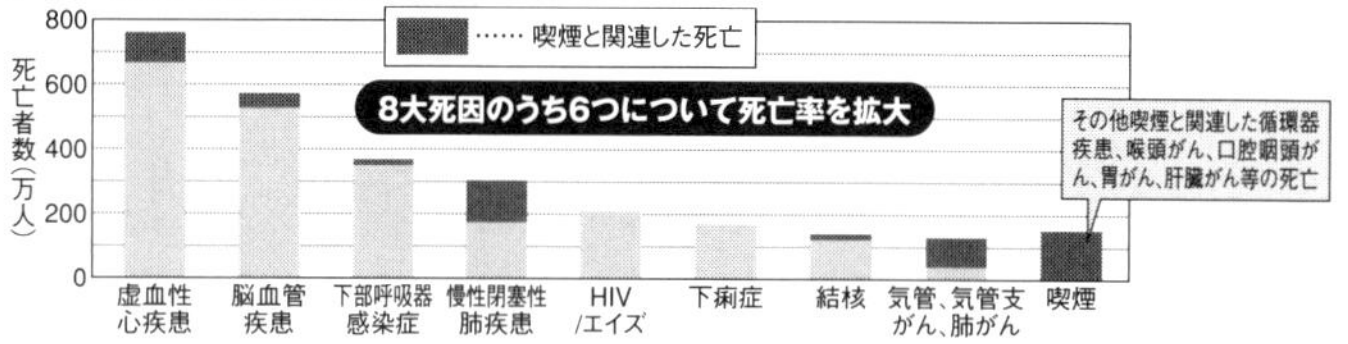

WHO資料より

しかし、お互いが矛先をつき合っていてもしょうがない。その矛先を、共通の敵という方向にそらさなければ、お互いに前へは進めません。そこで対象となったのが、環境破壊。結果として、利害が異なる複数の国が、協力するようになるわけです。

共通の敵を探すということは、ようするに、お互いにとってのフツーを探すということです。フツーとは、最大公約数としての価値観ですから、お互いのことが憎いかもしれませんが、お互いが憎んでいる共通の要素もある。それを見つけることが、いざこざを避けるうえで最短の方法になる。フツーは、平和の礎であり、だからフツーが重要なのです。

もっと規模の小さい社会、たとえば、会社、家庭、街といったところにおいても、個人がそれぞれの利益を追求しますから、いざこざが起きる。ここでもやはり、「共通の敵」を仕立てて、平和なほうへ導かなければいけません。

その敵役に選ばれたのが、「たばこ」です。

理屈で考えれば、

「たばこを吸うな」

というのは、

「排ガスが出るから、車に乗るな」

というのと同じであり、そんな主張は通りません。しかし、通らないはずなのに通ってしまうのは、たばこの存在が「社会悪」として欠かせないからです。それくらい緊迫した状態が、会社、家庭、街といった社会にできてしまったからです。社会悪が、必要悪になっているともいえます。

ならば、たばこを吸う人は、たとえそれが誰かにとがめられるような非合法の行為でなかったとしても、世界がフツーの感覚として、

「たばこは社会悪である」

ととらえているということを、知っておく必要があるでしょう。

あらためて「知っておく必要がある」というのは、世界と比べて、日本は、たばこが社会悪であるという認識が低いからです。ＯＥＣＤ（経済協力開発機構／日米欧など30カ国が参加）の「ヘルスデータ２００８」によると、日本は喫煙率が26％（男女計）でもっとも高い。世界の感覚をフツーとすれば、日本のフツーはゆがんでいるといえます。

仕事終わりにビールを飲みながら、一服する。

雨の日に物思いにふけりながら、一服する。

そんな時に吸うたばこの味は格別です。しかし、そういう満足感は、日本だから味わえるのであり、先進各国、とくにアメリカでは、野蛮人をみるような目でみられます。

フツーをきわめていくうえでは、

「規模が大きい社会でどうなのか」

と考える必要が出てきます。家庭よりも地域、地域よりも国、国よりも世界といった具

たばこ販売実績上位100銘柄のニコチン量別シェア

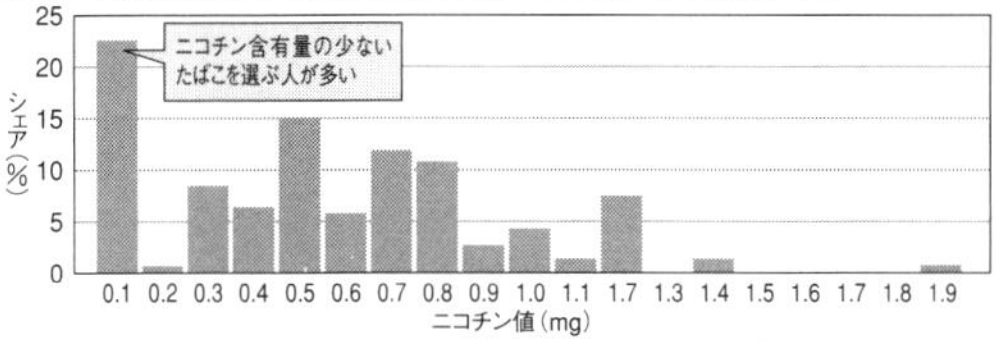

※2007年販売実績（社）日本たばこ協会「たばこ統計情報」より

合に、より多くの人が関わる社会にあるフツーほど、普遍性が高いからです。つまり日本ではフツーのことでも、日本よりも規模が大きい世界では、フツーじゃないといわれることもある。2つのフツーがあった場合には、規模の大きな社会でのフツーを優先する必要がある。

たばこについていえば、世界がいう、

「たばこは社会悪である」

というフツーを優先しなければなりません。

おそらく、日本においても、たばこが世界の先進国の水準にならって執拗に敵視される日が、そう遠くない未来にやってくるでしょう。映画のシナリオを例にひくまでもなく、社会悪というものは、手を組んだ番長や、父親と娘のボーイフレンドの信頼関係によって、完全に滅びるまで攻撃される運命にあるからです。

「たばこくらい、自由に吸わせろ」

という気持ちもわかります。それが正論であることも知っています。

しかし、結局のところ、社会悪とされてしまったことが不運だったとしかいいようがありません。近未来をみこして考えれば、いま愛煙家にのこされている選択肢は、世界の先進国のフツーに準じて禁煙を考えるか、

「フツーじゃない」

とうしろ指を指される日がなるべく遅く（できれば自分が死んだ後に）やってくるよう祈りながら、吸い続けるか、2つに1つなのです。

眼

●近眼のフツー
テレビ、パソコン、携帯電話などの普及に伴い、学生の近視率が上昇している。近視の学生は、小学生が32％、中学生が58％、高校生が76％、大学生が83％。

不安がない人ほどリスクが高くなる

たばこを吸う人が多い日本でも、平均寿命は長く、その点でみれば、健康といえます。現在、日本の平均寿命は、男性が79歳、女性が86歳。女性は、20数年にわたって世界一であり、男性もトップクラスです。OECD内においても、日本の男女の平均寿命は、加盟国中で最長。その理由として、肥満度が低く、高度な医療機器が充実していることがあげられます。

世界と比較してみると、高度な医療機器の設置数（対人口100万）は、アメリカが34であるのに対し、日本は93。ひとりあたりの医師受診回数も、アメリカは4回ですが、日本は14回です。医師数（対人口1000人）こそ2・1人で、平均（3・1人）よりも少ないのですが、そのぶんを機械と機会でカバーしているわけです。

長生きはすばらしいことです。しかし、すなわち喜ばしいこととは限りません。平均寿命とは、命がつきはてる瞬間までの時間にすぎず、われわれにとって重要なのは、どれだけ長生きするかよりも、どれだけ健康にすごせるか。これを「健康寿命」とよぶわけですが、生きているということは、健康であるからすばらしいのです。

日本人の健康寿命はどれくらいなのかというと、男性が72歳、女性が78歳（WHO「世界保健報告」04年）です。平均寿命と差し引きすると、平均で7～8年は、誰かの世話を受けながらの老後生活を送るということです。人は誰でも老いるのがフツーですから、それはしょうがない。しかし、なるべく世話にならずに生きたいと願うのが、人情であり、フツーの感覚ではないでしょうか。

では、健康であるために、われわれにはなにができるのか。

簡単にいえば、予防しかありません。

たとえば、生活習慣を改善することや、運動を心がけること。たばこをやめるという方法もあるかもしれません。

身体を部分でみれば、たとえば眼や歯といったパーツのメンテナンスも重要です。メンテナンスは、定期検診と自己管理で実現できるわけですが、さて、あなたが最近、眼や歯の検診を受けたのはいつでしょうか。

調査によると、「自分の眼の健康状態に不安はありますか」の問いに「ある」と回答した人は、全体の71%（ジョンソン・アンド・ジョンソン「眼の健康に関する意識調査」06年）。不安材料として、視力の低下、疲れ目、かすみなどがあがりました。

では、眼科には行ったのか。

●コンタクトのフツー

コンタクトレンズの利用者は、2010年までに1600万人以上に増える見通し。とくにワンデータイプの需要が増えており、この市場規模は、2000年には280億円だったが、2010年までに約900億円、3倍以上に伸びると予測されている。

●目と食のフツー

ドライアイにはビタミンA、疲れ目にはビタミンB1、B2、ビタミンCを含む食品を摂るとよい。また「アントシアニン」という成分は目の網膜を守り再合成を助ける作用などがあり、視力回復や眼精疲労に効果がある。アントシアニンを含む食品は、ブルーベリー、ビルベリー、クランベリー、黒豆、黒ごま、しそ、プルーン、ムラサキイモなど。

眼の不安を感じている人のうち、「行った」と回答した人は31%。のこりは、「面倒だから」「時間がない」「病院や医者が嫌い」という理由で、ほったらかしにしているそうです。

また、使い捨てコンタクトレンズの指定装用時間（1日、2週間、1カ月など）を守っていない人は、40%。このうちの47%が、「多少装用期間を超えても問題ないと思うから」と回答しています。いつから医療は自己判断になったのでしょうか。「問題ない」わけがないから、わざわざ装用期間を設定しているのです。

興味深いのは、さしあたって視力も眼の健康状態も悪くない（と感じている）人は、7割が眼科検診を受けていない一方、視力が悪いコンタクトレンズユーザーは、1年以内に約6割が検診を受けているという点です。なぜかといえば、コンタクトレンズは、ワンデータイプや2週間タイプを買う際に、眼科検診を受ける仕組みになっているため。

つまり、多少でもなんらかの不便があると、医者にかかる機会ができるということ。

健康万全で、医者にまったく行かない人は、少しどこかを患っている人よりも、重病の発見が遅れるというリスクが高いのです。

歯

替えがきくものほど手入れをしなくなる

歯はどうか。

歯や口の中の悩みや気になること

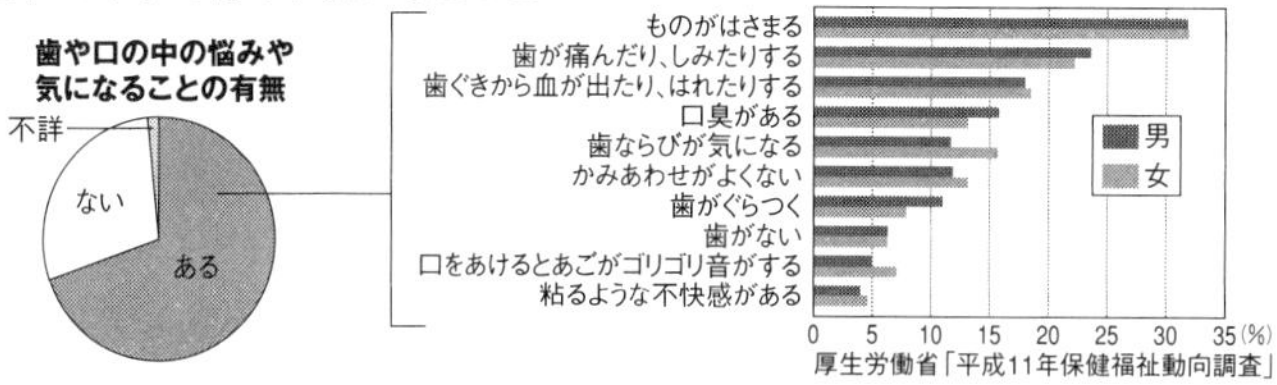

厚生労働省「平成11年保健福祉動向調査」

調査によると、歯科の定期検診を受けている人は3割未満。「定期検診を受けたことがない」人も、54％にのぼります。

また、歯磨き回数は、男性が「1日2回」（62％）がもっとも多かったのに対し、女性は「1日3回」（61％）がもっとも多い（神奈川県予防医学協会）。食事のあとには歯を磨く。それがフツーです。しかし、男性の多くが、それを知ってはいるけど実践していないということです。

「検診で治療を指摘された後、治療に行ったか」の問いにも、男女差があらわれています。「治療を受けた」と回答している女性が83％であるのに対し、男性は60％。検診を受けても、治療しなければしょうがありません。

歯のメンテナンスが雑になる背景には、入れ歯や差し歯やインプラントにより、「替え」がきくようになったためでしょう。

ここに、フツーのゆがみが生じています。つまり、

「ダメなときはダメなときで」

という感覚が生まれるから、歯を磨かず、雑にあつかっても気にならない。多少痛くても、我慢すれば治るだろうと思ってしまう。

歯であれば、たしかに替えがききます。では、眼はどうでしょう。内臓や手足ならどうでしょう。ソファーカバーはとり替え可能でも、ソファー本体が傷んだら、使い物になりません。

「ダメなときはダメなときで」

という感覚があたり前になってしまうことが、重要なパーツに重大な損傷をもたらし、健康寿命を縮め、誰かの世話にならざるを得ない老後をまねくのです。


フツーをきわめるうえでは、まずはこの感覚を直さなければなりません。ようするに、身体を構成する大半のパーツは、替えがきくものではないと気づくこと。替えがきかないものを失えば、それが欠点になります。なにごともまんべんなくできる人から遠ざかるのです。


「大事にしようかなあ」

ではダメです。「きわめる」は「きわめる！」で、強い意志がなければ、なにも変わらないからです。つまり、

「歯を磨こう」

「検診に行こう」

という単純な話ではなく、根本的な考え方として、身体のことにもう少し目を向ける必要があるということです。


最近、「フルモデルチェンジ」とうたって、市場に登場する車が増えています。しかし、よくみるとエンジンや内装が前と同じであることが多い。これと同じで、行動や習慣といった表面だけを直しても、中身が変わらなければ、一時的なとり組みに終わります。中身

が変わるから、それが行動や習慣として身につくのです。

老後

子どもを頼らない老後

老後とは、簡単にいえば、体力と財力です。この2つが備わっていなければ、平和で、安全で、楽しい毎日を迎えることはできません。

さて、われわれが迎える老後とはどんな毎日になるのでしょうか。

たとえば、サザエさんの一家は、波平とフネの夫妻からタラオまで、3世代が住んでいます。こういう家庭は、1975年こそ49%で、全体の半分を占めていました。しかし、04年には19%に減りました。

代わって、老夫婦、もしくは老人ひとりの世帯が、23%から51%に増えました（内閣府「国民生活白書」06年）。つまり、子や孫を頼らず、自分の力で生きていく力（体力と財力）が求められるのが現代のフツーだということ。ちなみに、独立した老人の生活費は、子ども世代との同居に比べて、ひとり当たり月3・8万円多くなります。

こういう現状ができた背景として、一般には核家族化や高齢化、高齢者が元気で裕福になったということがいわれます。たしかに、それもあります。しかし実情は少しちがう。老人は、体力と財力の2点で、独立して生きていけるだけの力を持つようになっただけでなく、精神的な面でも強くなっているのです。

調査によると、83年当時、65歳以上で「子どもと同居したい」と考えている人は、66％で、半分以上を占めていました。しかし、00年までに38％に減りました。

「子どもに面倒をかけたくない」

と考える高齢者が、実際に、そういえるだけの体力と財力をつけ、また、

「子どもに頼る必要はない。だから一緒には住みません」

と、いえるだけの気力もつけたということです。

じつにすばらしい。尊厳を持って生きる老人とは、これくらい強く生きる人を指します。常々、最近の老人は強いと感じていましたが、実際に強いのです。

では、われわれはどうか。これから何十年かたった後、

「子どもに頼る必要はない。だから一緒には住みません」

といえるでしょうか。決して強がりでなく、

「子どもと同居？　結構毛だらけ」

といえるでしょうか。

おそらく、いまから30年もたてば、子どもと同居する老人はさらに減ります。老人には、さらなる独立性と強さが求められます。子どもと同居する老人が約半数だった75年当時、出生率は4・18人でした。現在は2人未満です。現実問題として、われわれを引きとり、

60歳以上の月間実収入と内わけ

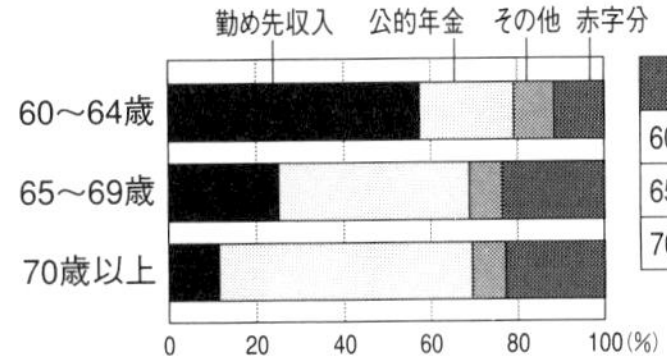

	勤め先収入	公的年金	その他	赤字分
60～64歳	210,971円	80,165円	34,080円	42,655円
65～69歳	79,168円	138,143円	23,581円	74,321円
70歳以上	31,098円	158,451円	20,738円	62,300円

内閣府「平成18年版国民生活白書」

世話をしてくれる人も減っていきます。その時代を老いていくだけの体力と財力を、われわれは準備する必要があるということです。

さて体力はどうするか。運動するなどして、身体が弱らないよう気をつけておかなければなりません。

財力はどうするか。衣食住の生活費はもちろん、老人ホームに入ることも想定して、貯めなければなりません。

子どもとの同居をのぞまないのであれば、配偶者やヘルパーなど、なにかあった際に面倒をみてくれるアテをつけておく必要もあります。

そもそも、同居したいと思ったところで、子どもがいなければ話になりません。家族計画についても考えておく必要があるでしょう。

どういう道を進むにしても、健康なジジイであるほうが、不健康なジジイよりも歓迎されるはずです。だから、健康と健康寿命について考える必要があるのです。

ちなみに、老人が子どもと同居したくない理由は、「子ども世代とは生活習慣が異なるから」（54％）、「お互い人間関係の面で気をつかうから」（51％）、「子ども世代に迷惑を掛けたくないから」（42％）などです（内閣府「老後の生活に関する意識調査」06年）。

子どもの生活を尊重し、自分の生活も尊重してもらう。お互いが独立して生きていく。

家族関係は、無条件に頼るものから、適度な遠慮をして、気づかい合う関係に変わる。それが、これからむかえる〝超〟高齢化社会のフツーになるのかもしれません。

相談

ぶっちゃけている場合ではない

フツーという感覚が、自分がいま活動している社会の規模や性質によって変わるということは、ここまで何度かふれてきた通りです。これを具体的に分類すると、4つのステージにわけることができます。

1つは、会社や街など、多くの人と接点が生じる「世間体ステージ」。

2つめは、親しい友人や親族、家族、彼女、友人などとの接点が生じる「身内ステージ」。

3つめは、ひとりでいるときの「個人ステージ」。

4つめは、誰と接点を持っているか認識できない「無意識ステージ」。つまり眠っているときや、死んだ後などです。

この順番は、関わる人の多さの順であり、必然的に、フツーを意識しなければならない順番でもあります。

たとえば、「世間体ステージ」では、あいさつや言葉づかいといった言動、服装などの見た目などが、常識的かどうかを強く問われます。

「身内ステージ」では、当人に多少の特異性や異常性があったとしても許される場合があ

4つのステージ

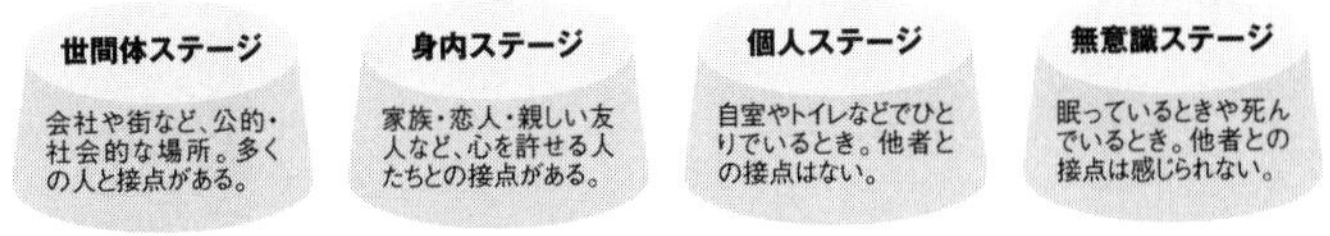
世間体ステージ
会社や街など、公的・社会的な場所。多くの人と接点がある。
身内ステージ
家族・恋人・親しい友人など、心を許せる人たちとの接点がある。
個人ステージ
自室やトイレなどでひとりでいるとき。他者との接点はない。
無意識ステージ
眠っているときや死んでいるとき。他者との接点は感じられない。

りますから、フツーの基準は緩くなり、「親しき仲にも礼儀あり」といったレベルになる。

「個人ステージ」のときには、裸ですごそうと、小便をもらそうと、誰もみていませんから、フツーは問われません。フツーを意識する必要もありません。

「無意識ステージ」では、当人の意識がないのですから、フツーにしようと思ってもどうしようもない。ここで問われるフツーについては、あまり気にする必要はありません。

われわれの日常は、この4つのステージのくり返しです。街を歩き、あるいは会社で働き（世間体ステージ）、仕事後に友人や彼女と飲みに行き（身内ステージ）、家に帰ってくつろぎ（個人ステージ）、眠る（無意識ステージ）。そしてまた、会社へ向かう。そういうくり返しです。

したがって、フツーをきわめていくうえでは、まずは自分がいま、どのステージにいるのかを把握しなければなりません。また、それぞれの境界線も明確に把握しておく必要があります。

たとえば、身内にしか通じない話題を会社の先輩や後輩に持ちかければ、公私の区別ができない人だといわれ、嫌われるでしょう。会社でのイライラを仲間や家庭内に持ちこめば、友だちが減り、家族にもイヤな顔をされます。つまり欠点ができる。

フツーの感覚がゆがんでいる人の多くが、この線引きを誤っています。

たとえば、女性誌などには、恋人や夫婦の性に関する相談コーナーなどがあります。

「彼氏が○○を求めるのですが、フツーでしょうか」

「夫が××ですが、フツーでしょうか」

といった記事です。

○○や××がフツーかどうかはわかりませんが（おそらくフツーではないでしょう）、なによりも、そういうことを赤の他人に相談するという神経がフツーではありません。○○や××は、「世間体ステージ」に持ち出すものではないからです。

「ぶっちゃけ」

という言葉がよく使われるようになったのも、フツーがゆがんだ結果です。ぶっちゃけるような話とは、「身内ステージ」のなかでもごくごく近い関係、あるいは「個人ステージ」に秘めておくべきものです。

最近では、ほぼ初対面であるにも関わらず、

「ぶっちゃけ、どう?」

と聞く人が増えました。しかし、フツーの感覚で考えれば、良識ある大人がぶっちゃけていい話などあまりありません。

「ぶっちゃけ、○○はアリです」

なんていっている場合ではない。

「あいつはぶっちゃけるから、好感が持てる」

という人もいますが、それは一方で、フツーの感覚がゆがんでいるということであり、

その感覚が、信用を失うことにもつながりかねません。なんでもぶっちゃけちゃう人には、大事な相談はしないでしょう。ぶっちゃけを求めれば求めるほど、ぶっちゃければぶっちゃけるほど、フツーの感覚はゆがむのです。

相談

個人の話はパンドラの箱

恋愛相談なんていうのも、やればやるほど、線引きがおかしくなります。男性には少ないかもしれませんが、女性はあちこちで、

「ウチの彼、早いから」

「ウチは月1回しかない」

とか、そういった不満を相談しているようです。

ここでもやはり、線引きがおかしくなっていることがわかります。本来「個人ステージ」にとどまるべき話が、「身内ステージ」に持ち出されているからです。

パートナーであれ誰であれ、他人を変えることはできません。パートナーに対して不満があれば、それはパートナーの問題ではなく、そのパートナーとどうつきあっていくのか、どういう対策を打つのか、継続するのか、わかれるのか、といったことを考えなければならない、自分の問題です。つまり「個人ステージ」の話。こういう相談では、たいてい「ウ

●相談のフツー

困ったことがあった時に、相談できる人がいるかを聞いた調査では、「いる」人が87%、「いない」が13%。相談相手の数は、家族のなかでは「1人」(39%)、家族以外では「2人」(22%)がもっとも多かった（内閣府「国民生活選好度調査」07年）。しかし、なんでも相談していいというものでもない。誰になにを相談すべきか。誰になにを相談してはいけないのか。ここをまちがえないのが、フツーをきわめた人だ。

チの彼」「ウチの場合」といった表現が使われますが、ウチは「内」で、自分の内で解決するものなのです。

「なんでも相談できるのが友だち」

という人もいます。しかし、それはまちがいです。

相談するということは、フツーかどうかの判断を他人にゆだねてみる行為です。したがって、参考にはなるかもしれませんが、アテにはならない。答えにもなりません。

いわゆるガールズトークというものは、おそらくこの感覚なのでしょう。女子中高生であれば、活動している社会の範囲が狭いわけですから、いろいろと他人の判断を参考にすることに意味があるかもしれません。

しかし、女子中高生でないわれわれは、なにがフツーなのか、自分で判断できなければなりません。それが大人です。大人でありながら、フツーがなんだかわからないから、他人に「個人ステージ」の話をしてしまうのです。

こと恋愛相談についていえば、相談しているほうは、なんでも話すことによって友情を感じているかもしれません。しかし、知りたくないことまで聞かされるほうは、おそらく迷惑していることでしょう。他人の色恋沙汰なんてものは、グルメ番組や芸能人のカラオケ大会番組と同じで、当人だけが満足して、視聴者はシラケるだけなのです。

一方には、「個人ステージ」にとどめるべき恥ずかしい話を、

「笑いのタネになればいい」
という感覚で、自分から暴露する人もいます。線引きはできているけど、あえてそれを超えようとする人です。

こういう人が増えた原因は、おそらく、テレビの影響です。テレビで自分の暴露話をし、ピエロになる人をみて、それがコミュニケーションのひとつだと思いこんでしまった。

しかし、彼らはそれで笑われ、ご飯が食べられますが、われわれがピエロになっても、自虐的だと思われるだけで、これといっていいことはありません。「個人ステージ」の話はパンドラの箱であり、お金をもらうくらい滅多なことがない限り、カパカパと開けてはならないのです。

一瞬の人気者になりたいというだけの動機で、恥ずかしい話を暴露する。

それは、笑いのタネでもなければ、コミュニケーションでもありません。フツーの人が持つべき、人としての尊厳を失う、自虐的な行為なのです。

私生活

フツーが問われない時間

4つのステージのうち、フツーかどうかを問われるのは、「世間体ステージ」と「身内ステージ」にいるときだけです。「個人ステージ」と「無意識ステージ」にいる場合には、フツーは問われない。

では、「個人ステージ」とは、どんなものなのか。

たとえば、トイレでひとり、用をたしているとき。これは完全な「個人ステージ」です。

調査によれば、男性で座って小用をする人が、99年には15%でしたが、07年には49%に増えたそうです（松下電工調べ）。大手便器メーカーの調査でも、同様の結果が出ています。

なんだか、男のあり方が根本的に変わったような、男のフツーがゆがんだような、そういう物悲しさがあります。

しかし、そんなことはどうでもいい。

「立つのがフツー」

と思えば立てばいいし、

「座ったほうがラク」

と思えば、座ればいい。「個人ステージ」とは、誰もいない世界に暮らしているのと同じですから、なにをやったって勝手です。

マスターベーションというのも、個人ステージの話です。成人男性がどれくらいの頻度でこれに興じているかはわかりません。ただ、日本のアダルトビデオ市場規模は、1兆円とも2兆円ともいわれますから、おそらく少なくはないでしょう。

また、日本のティッシュペーパーの消費量は、国民ひとりあたりで年間約4キロ。紙の消費王国であるアメリカの1・5キロを大きく上回ります。ポケットティッシュとして配られるぶんを差し引いても、相当な量が、「個人ステージ」、個人の愉しみのために消費されていることが想像できます。

しかし、これもどうでもいいのです。毎日やろうが1日数回やることがあろうが、すべてはパンドラの箱のなかです。フタさえきちんと閉じておけば、「個人ステージ」の行動でフツーを疑われることはないのです。

「無意識ステージ」おいても、われわれはフツーを問われません。問うたところで、当人にはどうにもできないからです。

たとえば、半眼を開けて眠る人がいます。しかし、当人は無意識なのだから、どうしようもない。いびきや歯ぎしりがフツーの範囲を超えてうるさい人もいますが、これもどうしようもありません。できることといえば、医者の力を借りることくらいです。

死後も無意識なので、ここでもフツーは問われません。なかには、死んだあとに、フツーの人が考えないようなことを書いた日記や、フツーの範囲を超える内容の遺言書が出てくることもあります。

しかし、当人は死んでしまっているのですから、どうしようもありません。法律では一応、相続人が保障される遺産の割合（遺留分）が定められていますが、法律にはうったえられても、死んだ当人にはうったえられない。

つまり「無意識ステージ」とは、フツーが問われないステージであると同時に、フツーを問うてはいけないステージでもあるということです。だから、

「寝言にいちいち腹を立てない」

「死んだ人を悪く言わない」

というのが、世間のフツーなのです。

ちなみに、泥酔した人や精神錯乱状態にある人も、「無意識ステージ」にいるといえます。彼らにも、フツーを求めたところで意味がない。だから、

「酔っぱらいは無視する」

のであり、精神異常で罪を犯した人は、刑務所ではなく病院に行くのです。

睡眠

重要なのは睡眠時間ではなく納得度

さて、われわれはほぼ毎日、数時間の無意識ステージを経て、生きています。睡眠です。

睡眠中の言動にはフツーを問えませんが、睡眠時間の長さについては、平均をみて、フツーを知ることができます。

統計によると、日本人男性（有業者）の平均起床時刻は6時45分。就寝時間（35歳未満の独身男性）は、平日で24時23分。差し引きすると、睡眠時間は6時間半ほどです。また、朝食開始時刻の

平均は7時01分ですから、たいていの人が、これより前に起きているということがわかります。

世界でみると、日本人の睡眠時間は短いといえます。日本人がマジメで、ときに働きすぎだと言われるのも、こういうところに起因するのかもしれません。フツーの日本人は、早起きで、マジメで、よく働くということです。

とはいえ、睡眠時間は、平均がどうであれ、その通りに実践できるものではありません。一般には、「健康のためには8時間睡眠」といわれますが、実際に8時間も眠れる人は多くないでしょう。われわれの生活を支えているのは、理屈ではなく、現実だからです。また、個人差もあります。

たとえば、ナポレオンは3時間睡眠だったそうですし、アインシュタインは10時間睡眠だったといわれています。

では、睡眠時間におけるフツーとはなにか。

目の前にある現実を、自分のフツーとして納得できるかどうかです。

たとえば、仕事で夜中の12時近くまで家に帰れず、出社時間が7時であれば、どうやったってたくさん眠ることはできません。

こういう現状について、ある人は、

「十分な睡眠時間がとれない生活はフツーではない」

●眠りのフツー
人間の睡眠はノンレム睡眠と呼ばれる深い眠り（脳を休ませ、夢を見ない）と、レム睡眠と呼ばれる浅い眠り（体を休ませ、夢を見る）を交互に繰り返している。睡眠直後はノンレム睡眠に入り、約90分後にレム睡眠に移行、睡眠中はこの2つを交互に繰り返す。ぐっすり眠ってすっきり起きるには、ノンレム睡眠の割合を増やし、レム睡眠のときに起きること。

と考えるでしょう。一方で、ある人は、それをいまの自分のフツーとして納得します。ようするに、いまの生活が、自分にとってフツーなのかどうか、世間と比較してみたうえでどうなのか、そこを考えてみることが、フツーと向き合うということ。

フツーと向き合ったところ、自分として「コレがフツーだ」と決めたことに納得し、徹底していくのが、フツーをきわめるということです。

睡眠時間におけるフツーは、おそらくここに尽きます。

睡眠を含む健康に関する諸説は、しょせんすべてが結果論ですから、たばこをやめた場合に長生きできるという保証もありませんし、8時間睡眠の人が5時間睡眠の人よりも健康になることも証明できない。

そもそも睡眠は「個人ステージ」の活動であり、睡眠中は「無意識ステージ」ですから、眠るという行為について、フツーは問われない。何時間眠ろうと、個人の勝手です。だから、ある程度の目安として、世間のフツー睡眠時間を参考にしたら、あとは自分で「何時間眠る」と決めるしかない。あとは、納得度と徹底度を高めていくだけです。

たとえば、

「平日は、連夜4時間睡眠で働く」

と決める。遅刻せず、仕事中にボーッとすることもなく、結果を出すと決める。すると、どこかで身体の調子が思わしくない日がくるかもしれません。しかし、納得している生活ですから、仕事の充実感で精神的には健康になるでしょう。

あるいは、

「8時間睡眠で働ける仕事を探す」

と決める。転職によって給料は下がるかもしれませんが、私生活が充実して、健康体を実感できます。

世間で評価を落とすのは、これができない人です。

たとえば、アリバイ的に出社して、仕事をしない。あるいは、

「眠ってないから」

といういいわけを掲げて、仕事をしない。フツーを踏まえているようで（たとえば、出社時間にはやってくる）、フツーが実践できない（仕事中に居眠りをする）から、

「あいつはフツーじゃない」

となるわけです。

人生には、どちらかの道しか選べないときがあります。誰だって、たくさん眠りたいし、仕事もしたい。毎日から揚げを食べたいし、太りたくもない。

しかし、両方が実現できない場合には、「しょうがない」のひとことで、どちらかを選び、どちらかを捨てなければなりません。「しょうがない」というのが、フツーの判断を求められるときです。

その際に、自分がフツーだと思うほうを選択できるかどうか。その選択に納得して、徹底できるかどうか。「しょうがない」ときがやってきたときに、より満足度の高い道を選んでいくために、われわれはいま、フツーをきわめようとしているのです。

生活

LIFE

生活がゆがむとフツーがゆがむ

chapter

6

寿司、カニ、フォアグラを食べる人は豊かじゃない

生活レベルは、「貧しい」「フツー」「裕福」の3つにわけることができます。日本は、長いこと、国民の大半が中流であり、フツーだといわれていましたので、おそらくみなさんも、感覚として、

「オレ（ウチ）はフツーだな」

と、とらえていることでしょう。

じつはこれが大切なことです。まずはフツーかどうかを考えたり、自己評価することができなければ、フツー以下に落ちないよう踏ん張ることも、「裕福」の部類に入るチャンスを活かすこともできないからです。

ところが、近年、この「フツー」のとらえかたが、大きくゆがみました。

たとえば、生活の基盤である「食」はどうなっているのか。

どのチャンネルに合わせても、寿司、カニ、フォアグラをほおばって、

「ああ、おいしい」

と、コメントするだけのグルメ番組をやっています。すると、それをみた人が、

「たまにはこういうものを食べなければいけない」

食糧自給率の推移

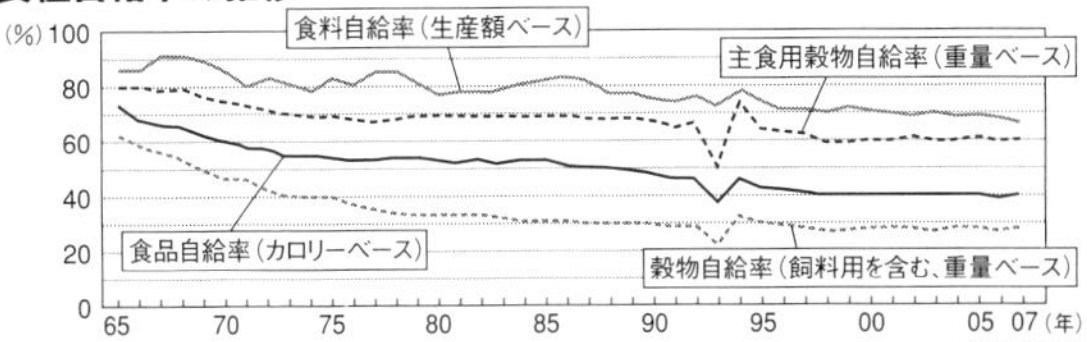

農林水産省

と、思ってしまう。月のうち29日を牛丼とハンバーガーですませて、たった1食のために1万も2万も使ったりする。それが「裕福な人の食生活」だと思ってしまう。

あるいは、軽く10人前はあるような特盛りのカレーをペロリとたいらげて、

「ああ、おいしい」

なんてやる人もいます。フツーに考えれば、こういうのを無芸大食とよび、「貧しい」に分類するのですが、街に出れば、大盛り、特盛りをウリにする店に行列ができたりします。

いまや、「腹八分目」なんて概念はどこを探しても見つかりません。それでいて、

「日本の食料自給率が40％だ、大変だ」

と、騒いだりする。まずはあなたが過食をやめなさいといいたくなります。

フツーとはつまり、こういう現状に疑問を持つ価値観です。人生戦略という点でいえば、偏食や暴飲暴食で生活水準を落としてしまわないよう、少なくとも自分だけは、まともな食生活を心がけようと戒める基準でもあります。

なぜ、食生活のフツーがゆがむのか。

大きな原因は、「グルメ至上主義」にあります。先例に挙げたグルメ番組がその典型ですが、食にお金をかけることが「裕福な人の象徴」という「まちがった概念」が幅をきかせてしまったためです。フツーをとり戻すためには、なにを食べるかではなく、いくら使っているかに注目しなければなりません。

外食率と食の外部化率の推移

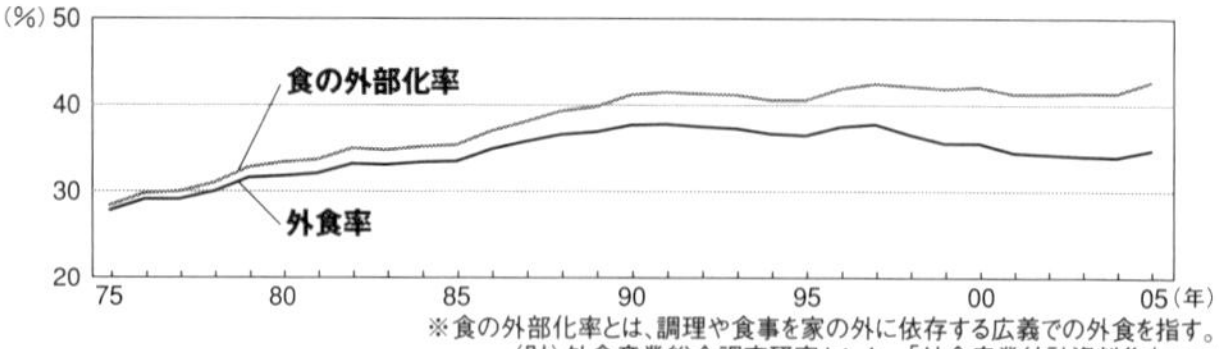

※食の外部化率とは、調理や食事を家の外に依存する広義での外食を指す。
（財）外食産業総合調査研究センター「外食産業統計資料集」2007

食べ物にかかるお金というのは、生きていくために欠かせない固定支出です。貧乏であっても金持ちであっても、これを一定額以下に削ることはできません。収入が一定であるなかで、「食にお金をかける＝豊かな生活」という考え方で生活していけば、当然のことながら、食以外に使えるお金が制限されます。これが、貧しい生活への入り口です。

いいかたを変えると、生活水準の豊かさにおいて、「食べる」ということはほんの一部分にすぎないということです。豊かな生活を手に入れるために重要なあれこれは、そのほとんどが、食以外の分野にあります。「グルメ至上主義」は、食という小さい分野での豊かさにはつながるかもしれませんが、それ以外の豊かさに欠けた人間をつくるわけです。

では、フツーの食生活に適した支出とはどれくらいなのか。

その目安となるのが、エンゲル係数です。これは、消費支出に占める食費の割合であり、つまり食費が生活費のうちのどれくらいを占めているのかを示す数値です。

エンゲル係数が高いということは、生活費の多くを食費に使っているということですから、かんたんにいえば、

「食べていくのが精一杯」

ということになります。つまり貧しい。

逆に、エンゲル係数が低い家庭は、食費以外の部分に使えるお金があるということですから、娯楽、教育、服飾といったことに支出できる。そこから豊かさを享受できるという

ことです。だから、豊かになる。

平均値でみると、07年の日本のエンゲル係数は23％です。月あたりの支出が20万円なら、4万6000円。30万円なら、6万9000円。食費がこの前後におさまっている人が、フツーの範囲です。

ふりかえってみれば、1970年ころの日本のエンゲル係数は38％でした。つまり、当時はいまよりも、食べることに一生懸命だった。それが、約40年の月日をへて、食べること以外の豊かさを享受できるようになったということです。

では、エンゲル係数、つまり食費として使っていたぶんはなにに使われるようになったのか。

データをみると、増えているのは、「通信費および教養娯楽費」の割合。70年には8％だった値が、07年までに14％と、ほぼ倍増しました。通信とは、誰かとコミュニケーションすることです。教育娯楽とは、自分を磨くということです。こうした分野への支出が、生活の豊かさに大きく寄与するのはまちがいありません。

「うまいものを食べなきゃ」

「高いものを食べなきゃ」

そういう思考にとらわれたが最後、グルメ貧乏、つまり腹まわりだけが分厚く、財布も食以外の知識も薄っぺらという貧しい生活に落ちていくのです。

●エンゲル係数のフツー
エンゲル係数（消費支出に占める食費の割合）を世代別にみると、
30歳未満の世帯で20％、
30～39歳の世帯で22％、
40～49歳の世帯で23％、
50～59歳の世帯で22％、
60～69歳の世帯で24％、
70歳以上の世帯で26％。
収入が少なくなる70歳以上の世帯がもっとも高くなる（総務省「家計簿からみたファミリーライフ」）。グルメ主義も結構だが、それが食分野以外での豊かさの享受を圧迫することも忘れてはいけない。

単身男性の半分は自炊している

一方には、「非グルメ主義」で、食にまったくお金をかけない人もいます。本書の編集スタッフのなかにも、毎晩のように３５０円の牛丼を食べている人がいます。

事情を聞くと、

「安いし、楽だから」

という理由で現在にいたるそうですが、それはそれで、文字通り、味気ない。たまにはおいしいもの（牛丼もたしかにおいしいですけど）のひとつも食べに出かけないと、

「あいつは貧しい」

といわれても仕方がありません。

では、世間の外食費はいかほどか。

景気が悪くなると、食費に占める外食費の割合が下がります。アメリカに端を発する不景気が、いよいよ日本の一般家庭レベルにまでおよんだのが、08年11月前後。この月の「家計調査」をみてみると、２人以上の世帯における消費支出は、平均28万４７６２円でした。

このうち、外食費（学校給食をのぞく）は１万１０８０円です。消費支出全体に対して３%。食料費（６万８１５０円）に対して、16%です。味気ない食生活といわれないレベルを保つためには、い

●食の安全のフツー
食の安全に「関心がある」若者は71%。具体的には、「輸入食品」（66%）、「農薬」（61%）、「食品添加物」（51%）に対する関心が高い。「中国産野菜」については、「日ごろ食べている・食べてもかまわない」と答えた人は11%。「遺伝子組み換え食品」についても15%にとどまった。「アメリカ産牛肉」は51%。これら3点を「どれも食べていない・食べたくない」人は45%である（農林中央金庫）。

ファーストフードメニューの価格と熱量の例

吉野家	牛丼（並盛）	380円	683kcal
松屋	牛めし（並）	380円	790kcal
マクドナルド	ビッグマック（バリューセット）*1	610～650円	999kcal
モスバーガー	モスバーガー（オニポテセット）*2	670円	589kcal
ケンタッキーフライドチキン	チキンフィレサンドセット*3	640円	589kcal

*1…マックフライポテト（M）、爽健美茶（M）を選んだ場合。*2…アイスウーロン茶（M）を選んだ場合。
*3…爽健美茶（M）を選んだ場合。
※2009年2月現在

くら不景気とはいっても、目安として、これくらいのお金はかけるべきといえるでしょう。
当然ながら、3食30日、外食というわけにはいきません。1万1080円ぶんの外食をしたら、のこりは自炊することになるでしょう。

では、自炊率はどれくらいなのか。

データによると、自炊をしている単身男性は50％です。外食や、コンビニの弁当、惣菜を夕食のメーンにすることが多い人でも、35％は「週に1、2回」、25％は「週に3、4回」、自炊しているようです（農林中央金庫「『現代の独身20代の食』その実態と意識」08年）。

こういうデータと、あなたのいまの食生活とを照らし合わせてみれば、寿司、カニ、フォアグラに、はしゃぎすぎている自分に気がつくかもしれません。あるいは逆に、カップ麺をすすり続ける日常に、疑問（と体調不良）を感じるかもしれません。常識という観点でみても、データと比較してみても、おそらく栄養面からみても、それはフツーではないでしょう。

当人がなにを食べようと、そんなことは問題ではありません。なにを食べようと個人の勝手だからです。しかし、なにも考えずに食べている、あるいは、食べたあとでなにも考えない、というのは問題です。それでは、フツーをきわめることはできません。

なにを食べるかを考えるのではありません。

これ（寿司でもカップ麺でもいいのですが）を食べている自分がフツーなのかを考える。

それができなければ、フツーをきわめることはできません。

さて、あなたは今夜、なにを食べるでしょうか。

「とくに決めていない」

という答えには、食生活の戦略がありません。

「なんでもいい」

という答えには、自分がフツーかどうかを考えるきっかけがありません。

目の前にあるものを食べるだけなら、動物と同じ。考えて食べ、食べてから考えるから、人は豊かになるのです。

●賞味期限のフツー
賞味期限・消費期限間際の食品については、「値引きしてあったら購入」する人（59％）がもっとも多く、とくに単身者では81％に及ぶ（農林中央金庫）。食の安全も大事だが、「安いから」という動機のほうが勝るのが現実のようだ。

旬

イチゴとトマトでみるフツーのゆがみ

単身男性の半分が自炊しているのは前述のとおり。自炊は面倒で手間がかかりますが、やってみれば、やってみただけのメリットもあります。食費を抑える効果があるかもしれませんし、日々の食事にいくらかかっているのか、考えてみるきっかけにもなります。女性にモテるかもしれません（最近は料理ができる男がモテるらしい）。

なかには、

「いずれ結婚するんだから、男は料理などしなくてよろしい」

独身20代が自炊でよくつくるメニューTOP5

1位	カレーライス
2位	パスタ・スパゲティ
3位	野菜炒め
4位	チャーハン
5位	サラダ

農林中央金庫「現代の独身 20 代の食生活」2008

と考える人もいるでしょう。

「仕事でクタクタ。料理する気力などない」

という人もいます。

これら、「やらず嫌い」の人だって、包丁を握ってみれば、なにかしら得るものがあるものです。世のなかには、やってみなければわからないことが多い。最初からやらないのと、何度か試して、やらなくなるのとでは、結果は同じでも、得るものがちがうのです。

ついでにいえば、

「料理ができるけどやらない」

のと、

「料理ができないからやらない」

のとでは、まったく中身がちがいます。フツーをきわめることとは、欠点なく、なにごともまんべんなくできる人を目指すことです。「できないからやらない」のは、きわめることではなく、放棄です。

もうひとつついでにいうと、「男だから」や「仕事が忙しいから」というのは、面倒なことや手間がかかること（たとえば料理とか）を避けるのに便利な言葉です。仕事を持つ男だけに与えられた特権ともいえます。だからつい、「男だから」とか、「仕事が忙しいから」といいたくなる。そういうことによって、問題解決にはならなくても、とりあえずの問題を回避できることを知っている。

しかし、これも、回避であり、放棄にすぎません。

なんでもかんでも易きに流れれば、そのぶんだけ問題が起きるというのも事実です。

働きやすいから、バイトを選ぶ。それがフリーターという社会問題をつくりました。

部屋が汚れているのも、腹が出っ張っているのも、ことの発端は、易きに流れたからです。机に向かわず、寝転がってラジオに耳を傾けている物書きも、易きに流れている最中です。それが自分の首を締める行為だったと気づくのは、〆切目前で徹夜するハメになってからなのです。

では、自炊して、具体的になにがわかるのか。

たとえば、「旬」がわかります。旬とはつまり、野菜、果物、魚などの食べごろ。輸入食材やハウス栽培の青果が増えた現代では、1年中、食べたいものが食べられますが、正しくいえば、これもフツーじゃありません。

「クリスマスケーキを思い浮かべてください」

といえば、たいていの人がイチゴを乗せたケーキをイメージするでしょう。それがつまり、旬の感覚がゆがんでいる証拠。イチゴは春の果物だからです。

イチゴの作り手としてみれば、旬でない食べ物をつくるわけですから、手間もかかるし、お金もかかります。冬場にイチゴをつくるうえでは、ハウスのなかを暖めなければなりま

●インスタントラーメンの消費量
世界ラーメン協会（WINA）によると、2007年のインスタントラーメン（即席めん）の消費率は54・6億食。ひとりあたり年間42食食べていることになる。

食材の旬

【野菜】

春	新玉ねぎ、春キャベツ、うど、菜の花、セロリ、アスパラガス、ふき、たらの芽、ふきのとう、せり、たけのこ、スナップえんどう、そら豆、にら、レタス
夏	かぼちゃ、トマト、なす、きゅうり、とうがん、ゴーヤ、枝豆、ししとう、いんげん、ししとう、オクラ、ピーマン、ズッキーニ、みょうが、にんにく、とうもろこし
秋	さつまいも、さといも、じゃがいも、長いも、ごぼう、春菊、しいたけ、しめじ、まいたけ、ブロッコリー、カリフラワー、たまねぎ、にんじん、れんこん、青梗菜
冬	白菜、ほうれんそう、小松菜、水菜、さといも、ごぼう、大根、ねぎ、かぶ、みつば、春菊、にんじん、山いも、カリフラワー、キャベツ、ブロッコリー、春菊

【果物】	1月	2月	3月	4月	5月	6月	7月	8月	9月	10月	11月	12月
いちご		●	●	●								
キウイ										●	●	●
もも							●	●				
みかん	●									●	●	●
すいか							●	●				
なし							●	●	●			
ぶどう									●			
メロン						●	●					
かき										●	●	
リンゴ									●	●	●	●
さくらんぼ						●	●					
グレープフルーツ				●								

【魚介】	1月	2月	3月	4月	5月	6月	7月	8月	9月	10月	11月	12月
あじ					●	●	●	●				
いわし					●	●	●	●	●	●		
かれい				●	●	●						
たら	●	●										●
うなぎ						●	●	●	●			
かつお			●	●	●	●	●		●	●	●	
かき	●									●	●	●
するめいか							●	●	●	●		
あさり	●	●	●	●					●	●	●	●
さんま									●	●		
すずき						●	●	●	●			
にしん			●	●	●							
ぶり	●											●
ふぐ	●	●								●	●	●
さけ									●	●	●	●

日本のおもな伝統行事と食べ物

1月1日	元旦	おせち料理、お雑煮、屠蘇	7月7日	七夕	そうめん
1月7日	七草	七草粥	7月20日頃	土用丑	うなぎ、餅
1月11日	鏡開き	雑煮、おしるこ	8月13〜16日	お盆	団子
1月15日	小正月	小豆粥、団子焼き	9月9日	重陽の節句	菊花酒、菊飯
2月3日頃	節分	福豆、やつかがし	9月15日	十五夜(芋名月)	月見団子、里芋、さつまいも、栗
3月3日	桃の節句	ちらし寿司、菱餅、草餅、	9月23日頃	秋分の日	おはぎ
		蛤の吸物、白酒	10月13日	十三夜(豆名月・栗名月)	月見団子、栗
3月20日頃	春分の日	ぼた餅	11月15日	七五三	千歳飴
4月8日	灌仏会・花祭り	甘茶	12月23日頃	冬至	かぼちゃ料理、小豆粥
5月5日	端午の節句	柏餅、ちまき、菖蒲酒	12月31日	大晦日・除夜	年越しそば

せんし、そのぶんの灯油のコストがかかります。それを負担するのは誰か。旬というフツーの感覚なく、これを買う人です。フツーの感覚に欠ける人は、損をするのです。

また、どの食べ物をとっても、旬のころに食べるほうが、旬以外の季節に食べるよりも栄養価が高い。おいしさという点ではそこまで変わらないかもしれませんが、季節はずれの食べ物をいただいても、食べ物本来が持つ機能は得られません。機能とは、たとえば、夏の食べ物であるトマトやキュウリが身体を冷ましたり、冬の食べ物であるダイコンやゴボウが身体を温めたりすることです。

世間には、冬場の寒い日に、トマトサラダを食べて、

「おいしいねえ」

なんていっている人がいます。フツーの感覚に欠ける人はカゼをひくのです。

豊かさ

ウンコしかみない人

「旬」という感覚をとり戻していくためには、自炊してスーパーに通うのが王道ですが、その前段階として、日々の食生活を見直してみる必要もあるかもしれません。というのも、ハンバーガーや牛丼は旬と無縁ですし、菓子パンやおにぎりで旬を感じることもできません。そういうものをメーンディッシュにしていれば、旬がなんたるか、わからなくなって

当然ともいえます。

いいかたを変えると、それは「日本」を楽しんでいないということでもあります。日本には、エネルギー資源もありませんし、国連での拒否権もありません。しかし、四季があります。旬はその産物であり、財産といってもいいでしょう。そういう恩恵を放ったらかして、生活は豊かになりません。

食べる前に「いただきます」、食べたあとに「ごちそうさま」という習慣も日本ならではのものなのですが、その背景にも、四季があり、旬があります。

「今年の春もタケノコが芽を出しました。ありがたくいただきます」

「サトイモがたくわえた力をもらい、寒い冬を乗り切ります。ごちそうさまでした」

そういう感覚です。四季折々の食べ物をいただく際に、動植物に対する殺生と感謝の意識があるから、手を合わせる。これもひとつの豊かさです。

一方、朝、バタバタと着替えながらパンをかじっているようでは、とうてい、そういう感覚は生まれません。そもそもパンなどの加工品、あるいは宇宙食のような栄養ゼリーなどもそうなのですが、こういうものには、生き物だったという「名残り」がありませんから、殺生の感覚も生まれない。

感謝しようにも相手が想像しにくい。だから、

「腹のたしになればなんでもいい」

という貧しい発想が生まれるわけです。

食には栄養補給という役割がありますから、そこだけをとり上げれば、旬でもパンでも同じです。つまり、

「ウンコになれば同じ」

という考えかたで、最近は、結果だけを重視する人が増えました。

しかし、ホントに重要なことは、結果ではなくプロセスで培われます。

「旬のものはおいしい」

という実感も、「いただきます」や「ごちそうさま」をいう習慣も、栄養をとるという結果ではなく、食べるというプロセスのなかで培われます。そこに、知識とか教養とか、いまの自分に足りていないフツーを補う要素があります。ウンコだけを見ているから、フツーをきわめられないのです。

車

フツーが行きちがう異常な世界

もう少し視野を広げると、日常生活のなかでもっともフツーがゆがんでいるのが、道路です。

たとえば、一般道はたいてい40〜60キロ、高速道路でも100キロくらいで走るよう制

限されています。しかし、どの自動車も、たいてい180キロくらいまで出るようになっています。

「出せるけど、出しちゃいけない。あとはそれぞれの自制心に任せる」

というのは、下着やそれ以上が見えそうな服を着ておきながら、

「見ないでよ、スケベ」

と怒る女性に通じるものがあります。

「暴走族を排除しろ」

そう声高にうったえるのがヨボヨボのじいさんドライバーで、あなたのほうがよっぽど危ないということもあります。

「こんな細い道を車が通るなんて、ナンセンスだワ。通行止めにしたらいいのに」

と、商店街で文句をいう主婦だって、自分が運転する際には、遠慮なく歩行者にクラクションを鳴らす。

道路の世界では、あらゆる場面においてフツーが共有されないのです。

おかしいのは、こういう異常な世界でも、ハンドルを握っている人は、誰もが「普通」自動車免許を持っていることです。

おそろしいのは、ハンドルを握っている誰もが、自分が「フツーだ」と思いこんでいることです。

●多い老人の死亡事故
２００８年の交通事故による死亡者数は全国で５１５５人、そのうち48・5％が「65歳以上の老人」で、全体の半数近くを占めている（警察庁「運転免許統計」２００7）。また、運転免許取得可能人口に対する免許保有者の割合は昭和44は32・5％だったが、平成16年には72％（警察庁資料）。

個人の生活でみれば、とくに哀れなのは都市部に住む若者でしょう。ローンで中古車を手に入れるまではなんとかできた。しかし、維持費が高くてかなわない。駐車場代と部屋代が同じだったり、車を寝かせている場所のほうが、自分が寝ているワンルームよりも広かったりします。まるでマンガです。

なかには、年金は払わず、自動車税は払っているという人もいます。そんな現状に貧窮しても、

「都会じゃそれがフツーだよ」

といわれて、

「そうなのか」

と納得してしまう。

そんなことがフツーであるはずがないのです。

車を走らせるということは、きわめて社会的な行動です。車社会という言葉がある通り、社会なのですから、そこに関わる人は、フツーを意識しなければなりません。

しかし、実態はどうかといえば、フツーが共有できていない。本来であれば、フツー（少なくとも車社会におけるフツー）をきわめていない人には、免許を渡してはいけません。フツーとは、「走る凶器」ともいわれる自動車をコントロールするモラルであり、車から身を守るための知恵であり、持とうか、廃てようか考えるための指針でもあるのです。

車はもはや豊かさの象徴ではない

生活の豊かさという点でいえば、車はその象徴として、長いこと君臨してきました。「マイカー元年」といわれた1966年あたりから、車のある生活は、豊かな生活と位置づけられ、憧れの的となってきました。

そして、40余年がたち、われわれはついに憧れていた生活を手に入れました。

現在、車を持つ世帯は平均で79％（日本自動車工業会「乗用車市場動向調査」07年）。乗用車の普及率は2・2人に1台で、世界7位（日本自動車工業会／06年）です。66年当時、229万台だった自動車保有台数は、7579万台にまで増えました（自動車検査登録情報協会／08年）。7579万台がすべてカローラだったとして計算しても、縦につなげると、その長さは33万キロにおよびます。月までの距離がだいたい38万キロだそうですから、ロケットを飛ばさずとも、車で月に届く日もそろそろです。

ところで、ホントに豊かになったのでしょうか。

いうまでもなく、自動車は日本の基幹産業ですから、「つくる」「売る」という点でマクロにみれば、その繁栄は、日本国内の各家庭に十分波及したはずです。つくるにとどまらず、メンテナンスや保険など、あらゆる商売がいまも自動車と結びつきます。

乗用車保有台数の推移

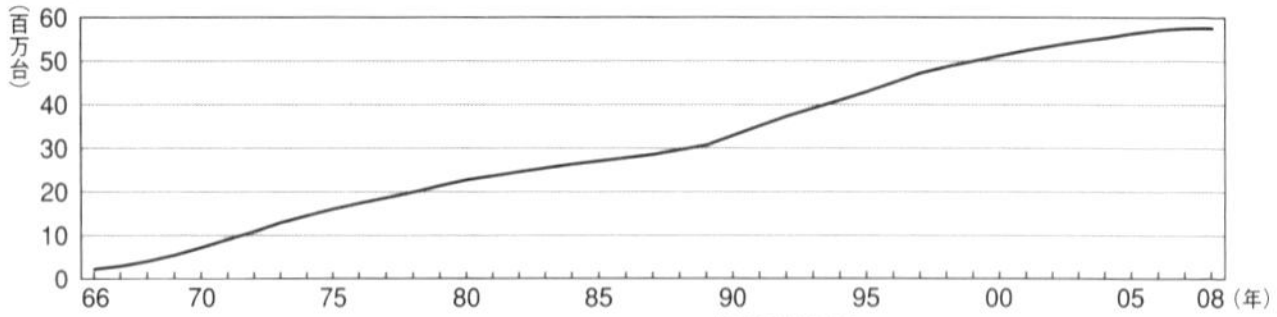

※軽自動車を含む。
(財)自動車検査登録情報協会「わが国の自動車保有動向」

一方で、個人の生活というミクロな点では、都市部の若者が維持費に困窮しているように、必ずしも実感として豊かになったとはいえません。むしろ、「車はいらない」豊かさを得る手段として、豊かさの象徴であったはずの車を手放したほうがいいという声も大きくなってきました。つまり、とくに若い層を中心にして、「車を持つ＝豊かな生活」という、これまでフツーだと信じられてきた価値観に、疑問符がつくようになったわけです。

若い層のなかで「なにかを所有したい」という欲求が衰えたわけではありません。車を所有するということ、あるいは車を持つことで得られる豊かさの対価として、さまざまな負担を容認するということに、疑問符がついたのです。

疑問符がつけば、それはすぐに世間に反映されます。

その結果が、いまです。新車も売れなくなりましたし、買い換え期間も長くなりました。車を動かすためには免許が必要なわけですが、その保有率も、24歳以下で59％（警察庁交通局／04年）にとどまるようになりました。「若いほど高くつく」自動車保険の世界でも、若者離れの影響は小さくありません。自由化以来、値下げ一辺倒だった業界では、08年から、保険料を引き上げるところが出てきました。

何が起きているのかというと、

「フツーだと思ってきたけど、フツーじゃないのではないか」

という変化です。時代が変わることによって、

「車がなくてもことたりる」
ということに気づく人が現れ、「車＝豊かさの象徴」というフツーだった価値観が、変わってきたわけです。

では、車とはいったいなんなのか。

地方では、生活を支える「足」として、手放せないものかもしれません。おそらく、欠かせないでしょう。とくに中高年と同居している人や、家族の送り迎えをする人、妊婦や小さな子どもがいる家庭でも、車は非常に活躍します。

しかし、それは「必要か不必要か」という議論であって、豊かさの議論とはちがいます。

では、「豊かさの象徴」という価値観は、どう変わったのか。

ふりかえると、国内の新車販売台数は、バブル期がピークで、以来、減少しています。

「車なしじゃデートもできない」

「車のランクで男の価値をはかる」

といった価値観は、バブルのころの価値観だったといってもいいでしょう。つまりバブルの後遺症ともいえる20年近く前の古い価値観を、われわれはいまのいまでもフツーだと思いこみ、引きずっているところがあったわけです。

ニュースをみれば、大型連休のたびに大渋滞している様子が映ります。雑誌をひらけば、「車で行きたいデートスポット特集」をやっている。一歩外に出れば、

「お、レクサスだ。かっこいいなあ、欲しいなあ」
と思いを寄せることもある。

こういう価値観も、そろそろバカにされる時代なのかもしれません。いいかたを変えると、この先を生きるうえでは、「車が生活の豊かさである」という単一の価値観だけでは本当の豊かさは手に入らないということです。

車に代わる豊かさとはなにか。

それを手に入れるために、できることはなにか。

フツーをきわめていくうえでは、時代とともに変化するフツーを、敏感に観察しなければなりません。時代に流されたままでは、自分にとって本当に豊かな生活は、いつまでたっても手に入らないのです。

恋愛

恋愛とは脳の異常である

さて、いよいよ核心に入ります。

日常生活のなかで、もっともフツーを見失いやすいのはどんなときか。

恋愛をしている最中です。具体的にいえば、性的な欲求を持っているときです。これはまちがいない。というのも、生物の人間としてみれば、求愛は本能ですが、しかし、世間

世界各国のセックス頻度と性生活満足度

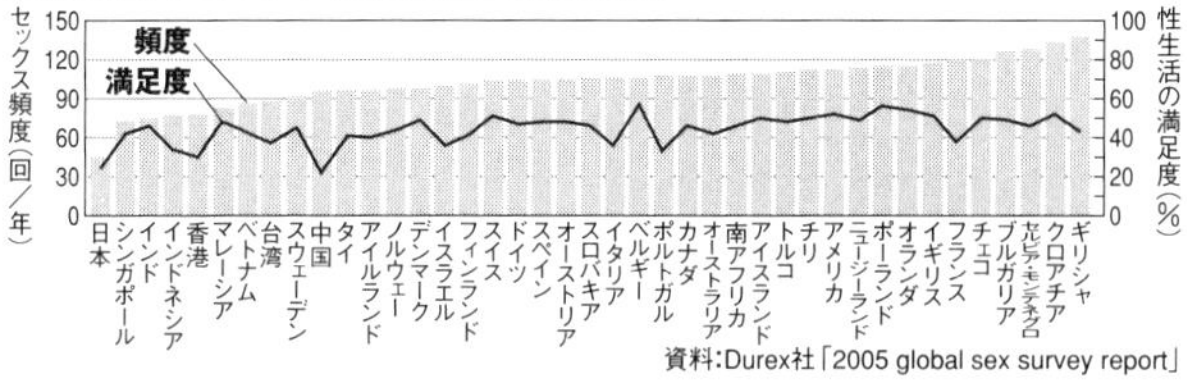

資料:Durex社「2005 global sex survey report」

はあからさまな求愛行動を「みっともない」と位置づける。だから、本書でいうところのフツーの行動を求める。求愛とフツーとは、対極にあるものであり、恋愛中ほど、フツーにふるまうのがむずかしいのです。

たとえば、ハタからみれば、だまされているようにしか見えない関係も、当人にとっては「生涯一度の大恋愛」だったりする。

「フツーじゃないよ」

といったところで、当人がフツーだと思っていれば、話はそこでおしまい。

つまり当人の脳が、フツーでなくなり、フツーの感覚がゆがんでいるから、話にならないわけです。そして、やがてそのゆがみが恋愛以外の日常生活にも出るようになり、

「あいつはフツーじゃない」

という評価をまねきます。

恋愛することが悪いわけではありません。問題なのは、恋愛の影響が、日常生活に出てしまうことです。たとえ恋愛中であっても、社会や世間と接点を持つ際にはフツーにふるまうという冷静さと客観性が、われわれには求められるのです。

はたして、そんなことが可能なのか。

恋愛が脳の活動であることを踏まえれば、コントロールできる部分もありますから、不可能ではありません。理屈がわかれば、行動も（ある程度）変わるのです。

主な脳内物質と効果

ドーパミン	ポジティブになる。食欲・性欲が出る。やる気がみなぎる。行動の動機づけをする。
ノルアドレナリン	不安や恐怖を覚える。ストレスがたまる。ネガティブな気持ちになる。緊張して話せなくなる。
セロトニン	ドーパミン、ノルアドレナリンなどの作用を抑え、調整する。平常心でいられる。ストレスに強くなる。頭が冴える。
β-エンドルフィン	幸せな気持ちになる。苦痛やストレスをやわらげる。前向きな気持ちになる。

具体的にいえば、たとえば、つまらない恋愛をしていると、恋愛に消極的になります。

「めんどうくさい」

という考えになり、コミュニケーションも、へたするとセックスですらめんどうくさくなる。

なぜ消極的になるのかといえば、アドレナリンが足りないからです。あるいは、ドーパミンが足りないのかもしれません。これらが不足すると、恋愛意欲だけでなく、学習意欲、成長や達成への意欲も低くなります。物覚えが悪くなったり、あらゆる行動や反応が鈍くなることもあります。そういった消極性、無気力さが恋愛以外の部分でも表れてしまうと、

「アイツはやる気に欠ける」

という評価をまねく。ここがわかっていれば、

「オレはいま、つまらない恋愛をしている。日常生活では、いつもよりも積極的にしよう」

という対策ができます。

その逆で、恋愛相手のことが気になりすぎて、みょうに嫉妬深くなったり、彼氏や夫の携帯電話を勝手にみるという人もいます。

こうした異常行動の背景には、「誰かにとられるのでは」という不安があります。ここで不足しているのは、不安を抑える物質であるセロトニン。セロトニン不足は、うつ病や、キレやすくなる原因にもなります。それが日常生活に表れると、

「アイツはいつも、イライラ、カリカリしている」

という評価になる。これがわかっていれば、

「冷静になろう。なにごともまず深呼吸」

という対策ができます。

さらにフツーでないのが、どうしようもない女性（や男性）にふり回されているにも関わらず、ケロッと幸せそうな顔をしている人でしょう。最近増えている境界例（ボダ子、ボダ夫）のパートナーに入れこんでいる人も、その一例です。ものの本によれば、こういう症状になる背景には、フェニルエチルアミンとかテストステロンが過剰に分泌されているという事情があるそうですが、原因がなんであれ、これもひとつの脳の異常活動です。

それがわかれば、

「ほかの人はどういう人とつき合っているのだろう」

と、世間のフツーを探ってみるきっかけになります。自分がフツーの状態でないかもしれないと考えるから、フツーになろうという意識が働く。無意識の行動は変えられません。意識するから、変えなければならないことに気がつく。だから、変えられるのです。

当然ながら、世間の評価は、当人の恋愛中の行動によっても変わりますが、パートナーの良し悪し、つまりどういう人とつき合っているかによっても変わります。

あたりをみわたして、

「最近、あいつ変わったな」

という人がいれば、おそらくその人は恋愛しています。必要以上に明るくなる人もいれば、誰かが死んだみたいにふさぎこむようになる人もいます。事情を聞けば、

「じつはさ……」

と恋愛相談が始まる。

重要なのは、こういう状態におちいる前に、自分がフツーかどうか、考えてみることです。まわりに変化を悟られるということは、良くも悪くも、恋愛に起因するなにかしらの異常行動が出ているのでしょう。

「自分が幸せなら、それでいい」

恋愛中、つまり脳がフツーじゃない状態では、多くの人がそう考えます。しかし、それで社会生活が成り立つはずがありません。そう考えてしまうことが、社会評価を落とす原因にもなる。

いずれ恋愛感情が冷め、フツーの感覚が戻った時に、

「あの仕事のミスは、当時、恋愛がうまくいっていなかったせいで……」

「あのころはどうかしていました」

といっても、一度落ちた評価は、とり戻せません。

「絶対にフツーをよそおう」

という強い意志がある人、フツーをきわめて、欠点なく、なにごともまんべんなくできる人になろうという意志のある人、

「きわめようかなあ」

という意識ではなく、

「きわめる！」

という意志のある人だけが、恋愛中においても、自分の評価を維持できるのです。

性

エロによってフツーがゆがむ

恋愛による脳の異常活動が、さらに勢いを増すのが、エロという要素が入った時でしょう。恋愛がすなわちエロではありませんが、この2つはスキヤキとタマゴみたいなもので、切り離せるものでもありません。

その点でいえば、いわゆる思春期や青春時代にある男子は、そのほとんどが異常だといえます。男子学生が考えることといえば、そのほとんどがエロいことだからです。おじいちゃんがなにを考えているのか、それはわかりません。しかし、男子学生がなにを考えているのかはわかる。過去に一度、通った道だからです。なかには、進路について考えるときもあるかもしれません。友情やスポーツについても考えることがあるかもしれない。し

●ネットのフツー
インターネットの利用は、男女とも30代で80％前後にまで普及している。利用内容は、「メール」（49％）がもっとも多く、このうちの半分が、年200日以上、メールを使っているヘビーユーザー。次いで「情報検索及びニュース等の情報入手」（43％）、「画像・動画・音楽データ、ソフトウエアの入手」（27％）、「商品やサービスの予約・購入、支払い」（24％）など。「掲示板・チャット」は12％、「ホームページ、ブログの開設・更新」は7％（総務省「社会生活基本調査」06年）。


かし、大半はエロいことを考える。

「彼女とどこまでいった」

「アイツはもうすませたらしい」

そういう関心が脳内をうずまきます。それがつまり、思春期のフツーなのですが、社会人の生活としてはフツーではありません。だから、青春は恥ずかしいわけです。

その異常を考える前に、ここでいったん、世間に目を向けてみます。

現代の特徴は、なにごとにおいてもスピードを重視し、インターネットの普及でさらにスピードアップしたということです。ことあるごとに「先どり」し、「先を行く」ことが求められるようになりました。

たとえば、他社に先がけて、技術革新に挑む。他人が気づいていないマーケットに目を向ける。そういうとり組みが、技術の進歩に寄与してきたことは事実です。しかし、一方では、早さを重視しすぎるあまり、常に先どりし、先を行かなければならないという強迫観念が生まれたのも事実ではないでしょうか。

ファッション誌をめくれば、まだ冬の寒さも本格化していないうちから、翌夏の流行を語っていたりする。学者ですら1カ月先の景気も読めないなかで、素人衆が、金、原油、アズキ、トウモロコシなどの先物取引をして、大損したりする。それでもこりない面々が、「早い者勝ち」という看板にひかれ、行列を作ったりする。

ようするに、ものの本質は二の次で、

「とにかく先を行きたい」

「誰よりも早く手をつけたい」

「得をしたい」

「アイツは情報が早いと褒められたい」

という意識にとらわれるようになったわけです。


こういう風潮をつくり、あと押ししているのは、ほかでもなくメディアです。そもそもメディアは、誰々が結婚秒読みで、誰々が離婚の危機だといったどうでもいいこと（だけとは限りませんが）を、われ先に争って報じようとする性質を持つわけですが、彼らはそれが偉く、かっこいいことだと思っているから、消費者にもそれを押しつける。その結果、「レバレッジだ」「ブログだ」「エコだ」と、消費者が忙しく右往左往する。


アメリカが大コケする直前までは、デカップリング論を盛んに唱えるメディアもありました。その影響を受け、

「これからは多極化の時代だ」

とうそぶく、先どり気どりもいました。


しかし、結局のところ、グローバルスタンダードの実態がアメリカンスタンダードであったことが、08年の不況でわかりました。かんたんにいえば、「サルサが流行る」と予言す

●ブログのフツー
全国男女ブログ開設者を対象にした調査によると、週1回以上更新している人は全体の60％。ただし、1日の平均アクセス数が５００件を超えるブログは２％にすぎない。1日あたりのアクセス数が５００件以上と５００件未満とでわけてみると、毎日更新している人の割合は、５００件以上で63％。５００件未満で19％。人気ブログにするためには、マメであることが必須といえる。

るメディアに押されるのと同じ。先を見ることに一生懸命になるあまり、本質を見るという大事なことを忘れたのです。

将来的には、アメリカ一極ではない経済体制ができるかもしれません。サルサが流行り、街中にラテンバーができるかもしれません。時代と本質が合えば、そういう日もくるでしょう。でも、本質を無視して先どりしても意味がない。メディアにいわれるがまま、先どりすることがすばらしいという考え方にとりつかれるから、1人でサルサを踊ることになるのです。

誰もが一歩、二歩と先を行きたがる早い者勝ちの世界において、先に行こうとするほど、リスクは大きくなります。一方、フツーをきわめていけば、視野が広くなりますから、必然的にものごとの本質を冷静に見極められるようになる。結果として、リスクを背負いこまずにすむのです。

男子学生の話に戻ると、いわゆる思春期や青春時代で周囲から尊敬のまなざしを集めるのは、いち早く、アレやコレを経験した人です。早熟であるほど、ヒーローのように扱われます。スピード重視の現代が、先どりする人を偉いと位置づけるのと同じです。

しかし、アレやコレなんてものは、いずれは誰もが経験します。思春期が終わり、冷静さとともにフツーの感覚をとり戻した時に、ホントに重要なのがものごとの本質であることに気づきます。そして、たかがひと夏、あるいは数年早く経験した人をヒーロー扱いし

●アメリカの初体験のフツー

アメリカ、サンディエゴ州立大学の調査によると、アメリカとカナダの女性の初体験年齢が下がっている。調査を開始した１９４３年の平均が19歳であったのに対し、99年の平均は15歳。結婚前のセックスを認める割合も、12％から73％に急増。若い男性の場合でも、40％から70％に増加している。

ていた時代が、あるいは、「今夏こそ」「今年こそ」とあせっていた自分が、なんだかばかばかしくなる。それをふりかえって、

「ああ、青春は恥ずかしい」

となる。先を行くことがすばらしいという思考は、エロがすべての男子の高校生活のように、フツーがゆがんだ小さな社会でしか通用しない価値観なのです。

ついでに書き加えておくと、男子高校生のアレやコレの経験率は、キス経験率が48%、性交経験率が27%です（日本性教育協会「青少年の性行動全国調査」05年）。ただし、これは全国津々浦々の平均値であり、当然ながら、地域や街によって差があります。

たとえば、渋谷駅周辺に集まる高校生男女の場合、1年生の35%、3年生の71%が、性交経験があります。しかし、STD（性感染症）に感染したことがある人も、6%におよびます（STOP！STDを考える会「渋谷におけるハイティーンの性およびSTDに関する意識・実態調査」07年）。

先を行くことのばかばかしさは、彼らをみればわかります。「早熟」は、度がすぎると「乱れ」なのです。

●初体験のフツー

キス経験率は、高校生男子が48%。大学生男子が70%程度。性交経験は、高校生男子が27%、大学生男子が57%。いずれの経験率についても、ひと昔前と比べれば活発化しているといえるが、1999年以降は現在の数値で停滞している。時代が変わっても、性的経験と縁なく学生時代を過ごす人は一定レベルから減らないということがわかる（「青少年の性行動全国調査」05年）

携帯

時代はマメな男を求める

ところで、先に例をひいた「青少年の性行動全国調査」によると、携帯メールの利用頻

●年賀状のフツー

民間調査によると、年賀状を出す人は全体の9割以上。平均枚数は約70枚で、内訳は、会社関係が30枚、友人・親族等が40枚。メールで挨拶をやりとりする人が増えているなかで、今後も年賀状が必要と考えている人も約7割に及ぶ。便利なものは、頼りすぎると、礼儀を欠くことにつながりかねない。フツーを疑われる人になってしまう落とし穴といえるだろう。

度が高い若者ほど、性的体験が早い傾向があるようです。「頻度が高い」とは、携帯メールを1日20通以上送る人で、それにあてはまらない人と比べて、キスや性交の経験率が高いという分析です。

分析内容についてはともかく、ツールが変わると行動が変わるという点はまちがいないでしょう。とくに携帯メールは、生活の一部に組みこまれるようになりました。普及率が高くなるにつれて、恋人同士のコミュニケーションのフツーにも変化が起きています。

調査によれば、恋人など最も近しい人との連絡に使うツールは、携帯メールがトップで46％（日経リサーチ「携帯電話の利用度アンケート」06年）。なにをそんなにやりとりしているのかといえば、待ち合わせ時間・場所の調整といった事務的な連絡事項を除くと、テレビの感想とか、近況報告とか、簡単なあいさつとか、たいした内容ではありません。

しかし、たいした内容でないからこそ、メールで十分だともいえます。つまりメール全盛の時代では、恋人ができると、たいしたことのない内容のメールのやりとりが増えるということ。あるいは、日々、そういうやりとりを重ねることが、恋人とのコミュニケーションとしてフツーになりつつあるということです。

実際、恋人同士のコミュニケーションの実態調査によると、恋人と毎日連絡をとることについて、「どちらかといえば好き」が男女ともに34％でトップ。「最高！」がそれに続き、男女とも25％。「正直、面倒くさい」という人を大きく上回っています（R25調べ／06年）。

年代別携帯電話の利用率

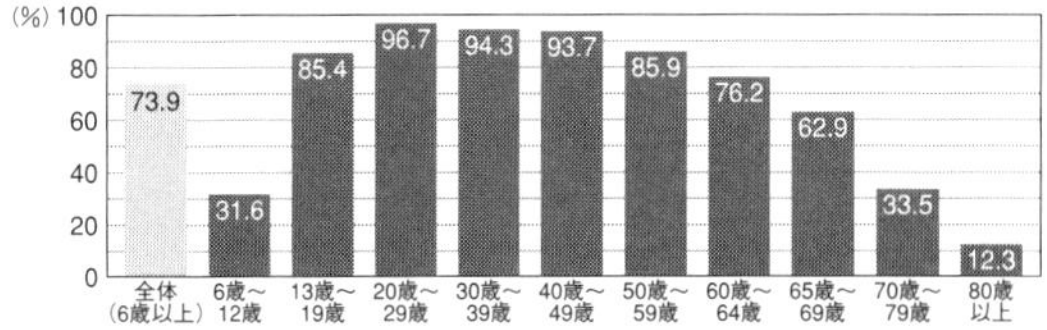

総務省「通信利用動向調査」2007

ようするに、

「恋人の声が聞きたい」

という価値観は、

「恋人が書いた文字が読みたい」（たとえそれがデジタルであっても）

という価値観に変わったということ。それがいまの恋人事情であり、恋人のコミュニケーションのフツー。時代は、われわれにマメであるよう求めているということです。

メールがここまで市民権を得ると、いわゆる恋人未満の間柄においても、メールのやりとりが一般化します。メールの内容や頻度といったものが、相手が自分をどう思っているのか、どれくらい好意があるのかなどをはかるバロメーターとして機能します。

ひと昔前のように、意を決して気になる子の家に電話をかけてみるとか、こわそうな声の親父が出たから無言で切ったりとか、さらにさかのぼって、手紙を書いてみるとか、渡そうと思ったけど、渡せずにゴミ箱に捨てたりとか、そういう価値観も、

「メールの内容やトーンで一喜一憂する」（たとえそれがデジタルであっても）

という価値観に変わったということです。

そんなことを憂いながら、いろいろな調査資料をめくっていたところ、男性諸氏に注意しておきたいことをみつけたので、最後にひとつ報告しておきましょう。

たとえば、恋人ではないけれども、こちらとしては気がある女性から、

メールでやりとりする内容TOP5

1位	遊びや待ち合わせの調整
2位	事務的な内容
3位	近況報告
4位	その日にあった出来事など
5位	特に目的のない雑談

日経リサーチ「携帯電話の利用度アンケート」2006

「今度、ご飯に行きましょうね♡」

というメールが届いたとします。

さて、この♡を、あなたはどう感じるでしょうか。

おそらく、「脈ありだ」と思うでしょう。

「恋人未満から、いよいよ『未満』の2文字がなくなる」

と思うでしょう。それが人情というものです。

しかし、どうやらそういうわけでもないようです。

調査によれば、「恋人以外にハートマークは使えるか?」という質問に対し、「使える」と回答した女性は、ナント82%（セガ「携帯メールのハートマークに対する意識」08年）。ハートマーク入りのメールが10通くれば、そのうち8通のハートマークは、たんなる絵文字のひとつだということです。

ハートマークが恋愛感情の象徴であるという古き良きフツーも、携帯メールの世界では、フツーではありません。勘ちがいしてはいけません。フツーがゆがんだ世界のなかで、感情を乱されることなくフツーに暮らしていけるのは、くどいようですが、フツーをきわめた人だけなのです。

伊達 直太（だて・なおた）

ライター／編集者・FP技能士。出版社勤務を経て、現在フリーランスで保険会社や証券会社等の広告制作を手がける。また、雑誌にて経済・経営記事を執筆。共著に『28歳からのリアル』シリーズ、『人生は「引き算」でうまくいく』（WAVE出版）など。

人生戦略会議

20～40代の男女、11名の構成員からなる「人生設計」を考える会。仕事にしろ、結婚にしろ、住まいにしろ、ありとあらゆるライフスタイルが変化しつつある中、「ふつうの幸せ」を手にいれるためのちょっとした知恵とコツは何かということを、日夜調査、研究、報告し続けている。

著書に『人生は「引き算」でうまくいく』『新版28歳からのリアル』『図解28歳からのリアル』『28歳からのリアル［マネー編］』『ザ・階級偏差値』『パチンコ屋に学ぶ経済学』（小社刊）。

まずは フツーを きわめなさい

2009年3月29日第1版第1刷発行　定価［本体1,400円＋税］

著　者　伊達直太＋人生戦略会議
発行者　玉越直人
発行所　WAVE出版
〒102-0074　東京都千代田区九段南4-7-10
九段藤山ビル4階
TEL 03-3261-3713　FAX 03-3261-3823
振替 00100-7-366376
E-mail:info@wave-publishers.co.jp

印刷・製本　萩原印刷

ISBN978-4-87290-401-7